ETERNAL PASSAGE
अनंत यात्रा

Juhi

First Published in 2023

Becomeshakespeare.com

One Point Six Technologies Pvt Ltd
Unit no. 26, Grd Floor, A1, Shram Safalya,
Wadala Truck Terminal Road, Near Post Office,
Antop Hill, Mumbai - 400037, India
T: +91 8080226699

ISBN - 978-93-5667-036-5

About Book

क्या हो जब ज़िन्दगी में ढेर सारी कठिनाइयों के बाद आपने खुद को सम्हाला हो, जीने का हौसला जुटाया हो, सपने देखे हो और उन्हें पाने के लिए लक्ष्य निर्धारित किया हो ....

उस लक्ष्य की पूर्ति के लिए दिन रात मेहनत की हो और अंततः वो लक्ष्य आपको प्राप्त हो परन्तु चंद क्षणों के लिए और फिर वो सदैव के लिए आपसे कोसो दूर चला जाया ....

तब क्या करेंगे आप?

ये कहानी भी हमें एक ऐसे ही सफर पर लेकर चलती है जो हमें जीवन के कई महत्वपूर्ण उतार और चढ़ाव के साथ जीने के एहसास से अवगत कराती है ।

About the Author

मुंबई शहर में रहने वाली जूही, लेखिका के साथ-साथ एक कम्पनी में कार्यरत है, लेखन में गहन रूचि के कारन लेखिका ने अपनी कई वर्षों के प्रयास के बाद आखिरकार अपनी रचना आपके समक्ष प्रस्तुत करने का प्रयास किया है।

Contents

Chapter 1 - The Dream   7

Chapter 2 - Memories   13

Chapter 3 – Dad's Shoe   19

Chapter 4 – Wrong Train   24

Chapter 5 - Grievance   32

Chapter 6 – Burden Of Choices   37

Chapter 7 – Break In The Cloud   45

Chapter 8 – Conversation With Monk   57

Chapter 9 – Everest   64

Chapter 10 – The Other Side   68

Chapter 11 – Return   73

Chapter 12 – Word Of Silence   78

Chapter 13 – Charity   93

Chapter 14 – Legacy   98

CHAPTER 1 - THE DREAM

INTRODUCTION

सुनहरे बालो वाली *11* साल की एक बच्ची *Zara*, नीली रंग की फ्रॉक पहने अपने लम्बी कद वाले *40* वर्षीय पिता ऋषि का हाथ थामे, एक पालतू जानवरो की दुकान के सामने खड़े होकर पिंजरे में कैद काली आँखों वाले सुनहरे रंग के खरगोश को ध्यान से देख रही है

उस खरगोश की आँखों में वो कही गुम सी हो चुकी थी की तभी उसका ध्यान टूटता है ।

आस पास की चीज़े बदलने लगती है, लोग गुम होने लगते है और आसमान में काले बादल छाने लगते है ।

Zara, ऋषि का हाथ छोड़कर उस पिंजरे के पास पहुँचती है, पिंजरे का दरवाजा खोल उस सुनहरे खरगोश को बाहर निकाल कर उसे अपने सीने से लगा लेती है, ऋषि जोकि ठीक उसके सामने खड़ा है, उसे देख मुस्कराता है ।

Zara, अपने नन्हे हाथो से उस खरगोश को सहलाती है और फिर उसे अपने दोनों हाथो में थामकर उसकी आँखों में देखती है, वो खरगोश भी बड़े ध्यान से उसे घुर रहा है, *Zara* के चेहरे पर एक मुस्कान थी, उसने उस खरगोश को सीने से लगाया और वही फर्श पर बैठ गयी और उसे गोद में बैठा लिया ।

खरगोश, अपने नन्हे हाथो को *Zara* के पेट पर रख कर उसे ध्यान से देखता है और फिर उसकी गोद से उछलकर सामने की एक गलियारे की तरफ भाग जाता है ।

उस खरगोश का पीछा करते हुए *Zara* भी उस गलियारे में पहुँचती है, की तभी उसे पीछे से एक आवाज़ सुनाई देती है, वो पीछे मुड़कर देखती है लेकिन वहां उसे कोई नहीं नजर नहीं आता ।

खरगोश, *Zara* को देख दूसरे गलियारे की तरफ भागता है, वो भी खरगोश का पीछा करते हुए उस गलियारे की तरफ भागती है, अब वो खरगोश ठीक उसके सामने है की तभी *Zara* को फिरसे पीछे से एक आवाज़ सुनाई देती है, वो पीछे मुड़कर देखती है, जहा उसे एक सफ़ेद रंग का पप्पी नजर आता

है, जोकि बड़े प्यार से उसे देख रहा है, वो पप्पी उसकी तरफ अपने कदम बढ़ाता है, उसके बढे हुए कदमो को देख वो अपने कदम पीछे खिंच लेती है, उसे ऐसा करते देख वो पप्पी वही रुक जाता है और तभी *Zara* को एक आवाज सुनाई देती है, ये आवाज उसके अलार्म क्लॉक की थी....

PRESENT DAY – TEXAS (USA)

और इसी के साथ *Zara* जोकि एक *22* साल की लड़की है (जिसके सुनहरे बाल, काली आंखे, गोरा रंग और लम्बी कद) अपने बेड से उठ कर अपने साइड टेबल पर पड़ी अलार्म क्लॉक को बंद करती है, अलार्म क्लॉक के बगल में पड़ी एक फोटो फ्रेम जिसमे ऋषि की तश्वीर है उसे देखकर वो बोलती है – *"Morning Dad "*.

Zara बिस्तर से उठकर अपनी अलमारी से कपडे निकल कर कॉलेज के लिए तैयार होने चली जाती है, आज उसका प्रेजेंटेशन है, वो एक सयकोलोजी की विद्यार्थी है जो की कॉलेज हॉस्टल में रहती है, तैयार होकर वो जैसे ही अपने कमरे में प्रवेश करती है उसे उसकी माँ सिन्थिआ (सुनहरे बालो और नीली आँखों वाली उम्रदराज महिला) की कॉल आती है।

Zara, सिन्थिआ को मॉर्निंग विश करती है।

Cynthia: Just wanted to remind you about our tomorrow's lunch plan, David is more excited, it's not like you get graduate every day.

"All the best honey for the presentation".

Zara: Thanks mum.

Cynthia: So at what time are you coming?

Zara: Do you remember the time when we went to Istanbul?

Cynthia: Of course, you were very young then.

Zara: I saw that place in my dream tonight.

Cynthia: That's nice.

Zara, सिन्थिआ की बात को अनसुना करके – *"I saw dad too".*

सिन्थिआ, *Zara* की बात सुनकर थोड़ी सहम जाती है, इतने सालो में आज पहली बार उसने ऋषि का ज़िक्र किया था।

Cynthia: I know honey you are very close to your father, but...

इससे पहले की *Cynthia* अपनी बात पूरी कर पाए *Zara* बोलती है

"Close"? He meant the entire world to me, you didn't even think about me while dragging me to the airport.

Cynthia: "I tried everything to save that marriage".

Zara: "But you couldn't".

और इसी के साथ *Zara* फ़ोन काट कर अपने कॉलेज की तरफ निकल पड़ती है, अपने कॉलेज कैंपस पहुंचकर एक बेंच पर बैठकर वो अपने बचपन के दिनों को याद कर रही है उसकी आँखों में आंसू है, तभी उसके फ़ोन की घंटी बजती है, अपने बैग से अपना फ़ोन निकाल कर चेक करती है, उसके चेहरे पर एक मुस्कान है, फ़ोन उठाकर वो बोलती है –

Zara: "तो आपको पता चल गया डैड की मैं आपको मिस कर रही हु"

ये कॉल ऋषि की थी इंडिया से -

ऋषि : "मेरे लिए इस दुनिया का सबसे अहम् इंसान जोकि मुझसे लाखो मील दूर है, ऐसा हो सकता है की वो मुझे याद करे और मुझे पता न चले "

Zara के चेहरे पर एक हल्की सी मुस्कान बिखर जाती है।

ऋषि: लेकिन पता नहीं क्यों बेटा, आज मुझे तुम्हारी याद आ रही थी, अब तुम जल्दी से इंडिया आजाओ, तुम्हे देखने का बहुत मन करता है, कितने साल हो गए तुम्हे देखा भी नहीं।

Zara: प्रॉमिस डैड, मैं जल्द ही इंडिया आऊंगी, और हम सब ढेर सारी मस्ती करेंगे, हम सब घूमने जायेंगे।

ऋषि: हा बेटा, हम जरूर जायेंगे, मैंने तो अब कुकिंग भी सीख ली है बुआ से, जब तुम आ जाओगी तो मैं अपने हाथो से तुम्हारे लिए कुक करूँगा।

Zara: पक्का डैड, वैसे आप लोग कैसे है?

ऋषि : हम सब अच्छे है बेटा, तुम कैसी हो और तुम्हारी माँ कैसी है।

Zara: मैं अच्छी हू और माँ भी अच्छी है।

ऋषि: "अपना ख्याल रखना बेटा"।

Zara: आपको अपना प्रॉमिस याद है न डैड?

ऋषि : हा बेटा, अब मैं भी थक चूका हू, आराम करना चाहता हू और तुम्हारे साथ कुछ वक़्त बिताना चाहता हू।

Zara: "Don't Worry Dad, I will take care of everything""

ऋषि : "मुझे पता है"।

Zara: Okay Dad, I have to go now.

ऋषि : *"Bye"*

Zara: "Bye Dad"

ऋषि से बात ख़त्म कर *Zara* सेमिनार हॉल की तरफ निकल पड़ती है जहा थोड़ी ही देर बाद उसका प्रेजेंटेशन शुरू होने वाला है, इस प्रेजेंटेशन में उसके डिपार्टमेंट के सभी लोग मौजूद थे

Zara का टॉपिक है – *Functions of Subconscious Mind.*

प्रेजेंटेशन ख़त्म होने के बाद *Zara* के पास एक टीचर आती है जो प्रेफ़ेसर *Lee* की टीचिंग असिस्टेंट है और वो *Zara* से प्रोफेसर *Lee* से मिलने को बोलती है

Professor Lee (छोटा कद, सफ़ेद बाल, गहरी छोटी-छोटी आंखे जिन पर मोटे- मोटे चश्मे) *Zara* के *Psychology* के प्रोफेसर है

Zara प्रोफेसर के ऑफिस की तरफ निकल पड़ती है

Few minutes later ………….

Zara, Professor Lee के केबिन का दरवाजा नॉक करती है

Professor Lee: "Come in Zara"

Zara: Did you want to see me professor?

Professor Lee: Oh yes, First of all, congratulation, it was a good presentation.

Zara: Thanks.

Professor Lee: "The part attracted me the most was the driven facts of your research".

So, I will come to the point, I am working on one project and I need an assistant, based upon your project and research, I think you might fill the spot.

"So, would you like to work for me?"

Zara: "Thanks for the opportunity", to be honest, I am looking for a fulltime job and it could be a great start for me so why not".

Professor Lee: "Good decision".

When can you start?

Zara: I planned to visit my dad in India and I was waiting for this project submission, so I can say that I will join you in a month.

Professor Lee: Perfect, see you in a month, enjoy your time with father.

Zara: Thanks, I will.

और इसी के साथ *Zara, Professor Lee* के केबिन से बाहर निकल आती है, उसके होंठों पर एक मुस्कान और चेहरे पर एक चमक थी।

आज उसकी ज़िन्दगी का सबसे अहम दिन है, आज उसने अपनी पढ़ाई पूरी कर ली और इसी के साथ उसे नौकरी भी मिल चुकी है, अब वो अपने पिता के साथ अपनी बाकी की जिंदगी *Texas* में बिता सकेगी, उसने तुरंत अपना फ़ोन पर्स से निकाला वो ये खबर ऋषि को देना चाहती थी, लेकिन फिर खुद को रोक लिया ये सोचकर की इंडिया में काफी रात हो चुकी होगी और ऋषि सो चूका होगा।

माँ से सुबह हुई नोक झोंक की वजह से *Zara* थोड़ी परेशान थी, माँ से माफ़ी मांगना चाहती थी, इसलिए घर पहुंचकर सिन्थिआ और डेविड के कमरे की तरफ बढ़ी, शायद वो दोनों सो चुके थे क्यूंकि उनके कमरे से कोई आवाज नहीं आरही थी, इसलिए वो अपने कमरे की तरफ मुड़ गयी।

रात के करीब *11:30* बजे *Zara* को एक कॉल आती है, उसने फ़ोन उठाया और उठकर बिस्तर पर बैठ गयी, थोड़ी ही देर में उसके चेहरे के भाव बदल चुके थे जैसे की उसे कोई शॉक लगा हो, उसके हाथ से फ़ोन छूट कर नीचे गिर गया।

कुछ पालो के लिए ऐसा लगा जैसे पूरी दुनिया उसके लिए थम सी गयी और फिर अचानक उसका ध्यान टुटा और तब वो अपने बिस्तर से उठकर अपनी अलमारी की तरफ बढ़ी और एक बैग निकाल कर उसमें अपने जरूरत की चीज़ें भरकर, सिन्थिआ के कमरे की तरफ निकल पड़ी और दरवाजा नॉक किया, दरवाजा सिन्थिआ के पति डेविड ने खोला और *Zara* ने कमरे के अंदर प्रवेश किया

सिन्थिआ बिस्तर पर बैठी हुई है, उसे देख *Zara* ने बोला

"I am heading to India, Dad is No more"

Zara की बात सुन सिन्थिआ शॉक हो जाती है, अपने बिस्तर से उतरकर सिन्थिआ ने बोला -

Wait Zara, I will drop you to the airport.

CHAPTER 2 - MEMORIES

22 घंटों के सफर के बाद *Zara*, इंडिया पहुंच चुकी थी, एयरपोर्ट पहुंचकर उसने फ़ोन वाई फाई से कनेक्ट कर सिंथिया को फ़ोन किया

Zara: hey mom, I reached Mumbai.

Cynthia: How are you now honey?

Zara: I am okay mom.

Cynthia: How long are you going to stay there?

Zara: I don't know, I am still at the airport, haven't reached home yet.

Cynthia: I and David are heading to Atlanta tomorrow, David's mother is sick, we will stay there for couple of weeks.

Zara: Okay

Cynthia: you can call me anytime

Zara: that's okay mom, I will call you after reaching USA.

Cynthia: Sure, Take care and come home soon.

वहा से निकलकर *Zara* ऋषि के घर पहुँचती है जहा अपार्टमेंट का दरवाजा पहले से ही खुला है, वो जैसे ही घर के अंदर प्रवेश करती है उसे लिविंग एरिया के सामने की दीवार पर ऋषि की तस्वीर नजर आती है जिसके नीचे एक मेज पर अस्थि कलश रखी हुई है ।

Zara की दादी (छोटा कद, गोरा रंग और झुर्रियों से भरा चेहरा) और बुआ – काजल (लम्बी कद, गोरा रंग, काली आंखे उम्र लगभग ४० साल) वही लिविंग एरिया में पड़े सोफे पर बैठे हुए है ।

काजल, उसके पास आकर बोलती है "बेटा हमने तुम्हारा बहुत इंतजार किया लेकिन ज्यादा देर नहीं रुक सकते थे" ।

काजल की बात को अनसुना कर वो, ऋषि के कलश को हाथ में उठाकर ऋषि के कमरे में चली जाती है ।

कलश बिस्तर पर रख कर *Zara* फर्श पर बैठ जाती है, उसकी आँखों में आँसू है और वो कलश को देखकर बोलती है -

"You promised me that you'll move back to USA, you promised that you'll walk me through the aisle, you promised that we will go on a trip, you promised that you'll cook for me, you promised that we will spend rest of the our life together… but you left … left me alone…. didn't give the chance to say Goodbye…. that's not fair dad… not fair at all…."

अगले दिन ऋषि की शांति समारोह ख़त्म होने के बाद *Zara,* हाथ जोड़े दरवाजे पर खड़ी है जहां लौटते हुए लोग उसे सान्तवना दे रहे है

सभी लोगों के जाने के बाद शक्ति (छोटा कद, सावला रंग और आँखों पर मोटे मोटे चश्मे) जो कि ऋषि के *accountant* है उसके पास आकर बोलते है - "जो हुआ अच्छा नहीं हुआ, लेकिन ईश्वर ऋषि साहब की आत्मा को शांति दे" ।

Zara: Thank you uncle.

शक्ति: बेटा सब कुछ बिखर रहा है, ऋषि साहब ने बहुत कुछ कुर्बान किया था इस कंपनी के लिए लेकिन अब सब डूब रहा है ।

Zara: मैं क्या कर सकती हु अंकल?

शक्ति: बेटा ऑफिस आ जाओ ।

Zara: मैं परसो वापस जा रही हु, मैं यहाँ सिर्फ डैड के लिए आयी थी, अब वो नहीं रहे तो फिर यहाँ रुकने का कोई मतलब नहीं, और वैसे भी मुझे उनकी कंपनी से कोई लेना देना नहीं है ।

शक्ति: ऐसे मत बोलो बेटा, तुम्हारे अंदर ऋषि साहब के संस्कार है और मुझे यकीन है की तुम इस कंपनी के लिए कुछ कर सकती हो ।

Zara: "We were very happy in Texas until one fine day dad decided to move to India and everything changed, my parents separated, I lived a miserable life and that's all happened because of that Company"

"So, to be honest, I don't care if that Company gets shut down tomorrow"

"Thanks for the concern uncle but I can't help you or even anyone"

ये सब सुनकर शक्ति कोई जवाब नहीं देते और वहां से चले जाते है

काजल, दोपहर में *Zara* के कमरे के दरवाजे को नॉक करती है, *Zara* दरवाजा खोलती है।

काजल: बेटा कुछ लोग तुमसे मिलने आये है, लिविंग में बैठे है,

Zara, लिविंग एरिया में प्रवेश करती है जहां दादी के साथ दो औरते बैठी है, दोनों उसे देख अपनी जगह से उठ खड़ी होती है, उनमे से एक औरत जोकि 35 वर्ष के आस पास है बोलती है -

नमस्ते दीदी मेरा नाम सरिता है और मैं पास के ही स्लम में रहती हु, मेरे पति स्लम के वार्ड मेंबर है, वो आपके घर में सिर्फ औरतें है इसलिए उन्होंने मुझे भेजा।

ऋषि साहब का समाचार सुनकर हम सभी को बहुत बड़ा झटका लगा, वो हमारे लिए भगवान थे, ईश्वर उनकी आत्मा को शांति दे और इसीलिए हमने आज अपने यहाँ एक पूजा रखवाई है, जो संतान के हाथों करते है और इसलिए दीदी हम चाहते है की आप उस पूजा में शामिल हो, बस 1 घंटे के लिए।

Zara, दादी की तरफ देखती है।

दादी - बेटा ये पूजा ऋषि के लिए है, मना मत करो।

Zara: "ठीक है मैं आ जाऊंगी" (सरिता की तरफ देखकर)

सरिता – शुक्रिया दीदी, पूजा शाम 5 बजे शुरू होगी मेरे पति आ जायेंगे आप लोगों को लेने।

Zara: Thank you.

Zara और दादी शाम *5* बजे स्लम पहुंचते है जहां एक ग्राउंड में टेन्ट लगा है और करीब *200* लोग पूजा में शामिल होने के लिए आये हुए है, इनमें ऋषि के ऑफिस से शक्ति भी आये हुए है।

करीब एक घंटे बाद पूजा समाप्त होती है और लोग एक-एक कर *Zara* के पास आकर उसे सान्तवना देते है।

Zara, शक्ति से: अंकल ये लोग कौन है और डैड इन्हें कैसे जानते थे?

शक्ति: ये सामने स्लम देख रही है बेटा, 5 सालो पहले यहाँ लोगों के घर ऐसे नहीं थे, पक्के मकान की जगह उनकी खोली थी।

फिर एक दिन एक डिप्लोमैट ने यहाँ रहने वाले लोगों से वादा किया की अगर वो इलेक्शन में जीत गया तो इन लोगों को पक्के मकान का घर बना कर देगा, फिर इन लोगों ने उसे इलेक्शन में वोट देकर जितने का मौका दिया।

Zara: फिर?

शक्ति: फिर उन्होंने एक टेंडर निकाला, 100 मकान बनाने का टेंडर बजट *40, 00000 Rs."* यानी हर एक मकान को बनाने का बजट सिर्फ *40,000 Rs.*

Zara: फिर?

शक्ति: एक साल तक टेंडर खुला था लेकिन किसी ने टेंडर को भरा ही नहीं और जब स्लम के लोग उस डिप्लोमैट से पूछते तो वो उन्हें टेंडर दिखा कर बात टाल देता।

"लोग भी बेबस थे, क्या कर सकते थे, जैसे तैसे अपनी जिंदगी गुजार रहे थे - बारिश में भीगकर, ठण्ड में सिकुड़कर और गर्मी में तप कर"

फिर एक दिन ऋषि साहब ने इस टेंडर को भरा, और उसी बजट में इन लोगों को इनका घर बना कर दिया बिना किसी फायदे के।

Zara के चेहरे पर कोई भाव नहीं थे, थोड़ी देर बाद सबसे विदा लेकर वो और दादी घर वापस लौट आते है।

काजल, *Zara* से पूछती है - कैसी थी बेटा पूजा, वो काजल की बात का कोई जवाब नहीं देती और पास पड़ी कुर्सी पर जाकर बैठ जाती है, दादी, काजल के पास आकर बोलती है।

मेरे बेटे ने पैसे नहीं कमाए लेकिन इंसान जरूर कमाया, आज पता चला की कितना आमिर था वो, हजारों लोगों का दिल जीत कर चला गया, बिना स्वार्थ के उन्हें उनका अपना घर देकर चला गया।

Zara, दादी की बात सुनकर गुस्से से बोलती है -

"हाँ दादी डैड महान थे, दूसरों का मकान कैसे बनाते है उन्हें पता था, लेकिन अपना घर कैसे बनाना है शायद उन्हें ये नहीं पता था"।

उसकी बात सुनकर दादी वही पड़ी आर्मचेयर पर बैठ जाती है।

Zara, अपने कमरे में चली जाती है जहा उसकी नजर साइड टेबल पर रखी फोटो फ्रेम पर पड़ती है, जिसमें ऋषि, सिंथिया और उसके बचपन की तस्वीर है, जब वे *USA* में रहते थे, ऋषि ने एक शॉपिंग मॉल का प्रोजेक्ट हैंडओवर किआ था, उस दिन सभी बहुत खुश थे और उनकी ये ख़ुशी उस फोटो में साफ झलक रही थी।

Zara, कमरे की खिड़की के पास आकर उसी स्लम को देखती है जहां आज वो गयी थी और तभी उसे एक दूसरा द्रिश्य याद आता है,

जब वो करीब 7 सालो की थी और छुट्टियाँ मनाने इंडिया आयी हुई थी, अपने माता पिता के साथ, तब अचानक उनकी टैक्सी, सिगनल पर रुकी जहां एक औरत पेड़ के नीचे बैठी अपने आँचल से अपने बच्चे के सिर को ढककर उसे बारिश से बचाने की कोशिश कर रही थी और खुद बारिश में भीग रही थी।

ऋषि, ध्यान से उस औरत को देख रहा था, उसके चेहरे पर दुःख के भाव थे, *Zara* ने ऋषि से पूछा -

Dad, why are they hiding under the tree?

Rishi: "Because they don't have home".

Zara: "Then where will they sleep?"

Rishi: "Maybe under this tree".

Zara: So sad.

और इसी के साथ ट्रैफिक ख़त्म हो जाती है और उनकी टैक्सी वहां से चली जाती है।

रात के करीब *2:30* बजे *Zara,* काजल के कमरे के दरवाजे को नॉक करती है, काजल दरवाजा खोलती है, *Zara* के कंधे पर टंगे बैग को देख काजल समझ जाती है की वो वापस जा रही है।

Zara कमरे के अंदर प्रवेश करती है जहां खिड़की के पास दादी अपनी कुर्सी पर बैठी हुई है, अपने कंधे से बैग उतार, फर्श पर रख कर वो खुद वही फर्श पर बैठकर दादी से बोलती है।

"दादी मैं जा रही हु, शायद वापस कभी न आ सकूँ"

दादी – "ऋषि चला गया, अब तुम भी जा रही हो बेटा"

Zara: "अगर मैं यहाँ रही तो डैड की यादों से कभी बाहर नहीं निकल पाऊँगी"

दादी –

"इंसान रहे न रहे सिर्फ यादें ही तो है जो उसके पीछे रह जाती है,
वही तो संजो कर रखने वाली चीज़ है"

ऋषि तुमसे बहुत प्यार करता था उसे ये जानकर तकलीफ होगी की तुम उसकी यादों को भी भूल जाना चाहती हो" ।

Zara: "जो यादें हमें तकलीफ दे या कमजोर बनाये उनका भूल जाना ही बेहतर होता है दादी" ।

दादी – जिनसे हम प्यार करते है उनकी यादें हमें कमजोर नहीं बनाती।

Zara: चलती हु दादी, टैक्सी नीचे इंतजार कर रही है ।

और इसके साथ वो एयरपोर्ट के लिए निकल पड़ती है ।

CHAPTER 3 – DAD'S SHOE

Zara, एयरपोर्ट पहुंचकर सुचना पट्टी पर अपने विमान की स्थिति की जानकारी ढूढ़ने की कोशिश कर रही है लेकिन उसे अपने विमान की स्थिति कही नजर नहीं आती, सहायता केंद्र पर पहुंचकर कार्यकर्त्ता से पूछती है *"U.S.A.* के फ्लाइट की स्थिति नहीं दिख रही, क्या कोई बदलाव हुए है" ।

कार्यकर्त्ता: आपकी फ्लाइट रद्द हो चुकी है ।

Zara: क्यों?

कार्यकर्त्ता: अंदरूनी कारणो से।

Zara: मैं क्या करू अब?

कार्यकर्त्ता: या तो टिकट रद्द करा ले या फिर दूसरी फ्लाइट ले सकती है ।

Zara: अगली फ्लाइट कब की है?

कार्यकर्त्ता: अगले हफ्ते की ।

Zara: इस हफ्ते में कोई नहीं है ।

कार्यकर्त्ता: सभी सीटे भर चुकी है ।

थोड़ी देर सोचने के बाद....

Zara: अगले हफ्ते की ही दे दो।

Zara, एयरपोर्ट से बाहर निकल कर घर की तरफ बढ़ जाती है, टैक्सी उसे उसके घर के बाहर छोड़ देती है ।

लेकिन वो अपने घर न जाकर पास के पार्क में आकर बैठ जाती है, जहाँ कुछ लोग व्यायाम कर रहे है।

उन्हें देख उसे अपने बचपन के दिन याद आ जाते है जब वो ऋषि के साथ इसी पार्क में आया करती थी अपने दोस्तों के साथ खेलने और झूला झूलने, उसके चेहरे पर एक मुस्कान आ जाती है।

Zara: दादी सही कहती है "यादें हर बार तकलीफ नहीं देती है"

और फिर तभी उसे ऋषि का चेहरा याद आता है, इसी के साथ अपनी जगह से उठकर वो ऋषि के दफ्तर की तरफ निकल पड़ती है।

दफ्तर के निचली मंजिल पर पहुंचकर वो लिफ्ट बुलाती है, उस लिफ्ट में पहले से ही कुछ लोग मौजूद है, लिफ्ट, सातवीं मंजिल पर पहुँचती है और वो लिफ्ट से बाहर निकलती है, उसके पीछे एक लड़का भी लिफ्ट से बाहर निकल कर उसे आवाज़ देता है – "सुनिए"

उस लड़के की आवाज सुनकर *Zara* वही रुक जाती है और पीछे मुड़कर देखती है तो उसे एक छोटे कद का करीब २१-२२ साल का लड़का नजर आता है जो उसकी तरफ बढ़ता है और पूछता है - "क्या आप का नाम *Zara* है? "

Zara: जी हाँ, आप कौन?

वो उसे जबाव देता है - अनिल, स्कूल में हम साथ में पढ़ते थे।

Zara: हा, याद है मुझे, तुम यहाँ कैसे ?

अनिल: मेरा ऑफिस इसी बिल्डिंग में है पांचवी मंजिल पे, तुम्हारे पिता के बारे में सुनकर दुःख हुआ।

Zara, कोई प्रतिक्रिया नहीं देती।

अनिल: मेरी कोई मदद चाहिए तो बताना।

Zara: आज पहला दिन है, कुछ पता नहीं मुझे।

अनिल: अविनाश मदद कर सकता है तुम्हारी।

Zara: कौन अविनाश ?

अनिल: हमारे ही क्लास में था, पास ही एक बिल्डिंग में है वो भी, उसने खुद की कंपनी शुरू की है, मैं उसे फ़ोन कर दूंगा और बोल दूंगा तुमसे मिलने के लिए।

Zara: शुक्रिया

अनिल: अब मैं चलता हु।

Zara: ठीक है

अनिल से विदा लेकर *Zara*, ऋषि के दफ्तर में प्रवेश करती है जहाँ शक्ति किसी से बाते कर रहा है मटेरियल सप्लाई को लेकर,

Zara: "Hello uncle"

शक्ति: *Good morning* बेटा, आप को यहां देख कर बहुत ख़ुशी हुई मुझे।

Zara: कैसा चल रहा है काम?

शक्ति: झूठ नहीं कहूंगा लेकिन कंपनी की हालत ख़राब है ।

Zara, कोई प्रतिक्रिया नहीं देती ।

शक्ति: मैं आपको सर का केबिन दिखा देता हु, आप वही बैठिये मैं एकाउंट्स की फाइल लेकर आता हु ।

Zara: ठीक है ।

Zara, ऋषि के केबिन में पहुंचती है, शायद ये पहली बार था जब वो यहाँ आयी थी, केबिन बिलकुल साधारण था, एक कोने में मेज और कुर्सी तो दूसरी ओर एक अलमारी जिसमे कुछ फाइलें और नक्शे रखे हुए थे, मेज के कोने में एक छोटा सा फोटो फ्रेम जिसमे सिंथिया और *Zara* की बचपन की तस्वीर थी, वो उस तश्वीर को वहा से उठाती है की तभी मेज पर पड़ी फ़ोन की घंटी बजती है, वो फ़ोन उठाती है और दूसरी तरफ़ से एक आवाज आती है –

मैं नवाज खान बोल रहा हु खान कंस्ट्रक्शन का डायरेक्टर, क्या मैं जान सकता हु की मैं किससे बात कर रहा हु?

Zara: मेरा नाम *Zara* है और ऋषि मेरे पिता है ।

खान: हमने एक प्रोजेक्ट ऋषि जी को दिया था, 11 मंजिल की बिल्डिंग बनाने का काम, उसके बारे में हम आपसे मिलना चाहते है , हम आज शाम करीब 6 बजे आपके ऑफिस में आएंगे ।

Zara: ठीक है ।

और इसी के साथ फ़ोन कट जाता है ।

Zara, टेबल पर रखी तस्वीर को फिर से देखने लगाती है की तभी दरवाजे पर हल्की पिली रंग की कमीज और काली पैंट पहने एक लड़का (लम्बी कद, दुबला शरीर, घने बालो और उम्र लगभग 22 के आस पास) दस्तख देता है और उससे पूछता है - क्या मैं अंदर आ सकता हु ।

Zara: आप कौन ?

अविनाश, हम साथ में स्कूल में थे।

अविनाश: मुझे अनिल ने बताया की तुम मुझसे मिलना चाहती हो ।

Zara: हां, अंदर आ जाओ, अच्छा लगा तुम्हे देखकर

और तभी शक्ति एकाउंट्स की फाइल लेकर वहा आते है।

Zara, अविनाश का परिचय शक्ति से कराती है ।

Zara: मुझे अभी एक कॉल आयी थी किसी खान की, वो बोल रहे थे की आज शाम हमारे दफ्तर आने वाले है, प्रोजेक्ट के सिलसिले में बात करने के लिए ।

शक्ति: वो हमारे क्लाइंट है बेटा।

Zara: हां बताया उन्होंने मुझे, आप एक काम कीजिये उनके प्रोजेक्ट की एकाउंट्स की फाइल लेकर आ जाइये ।

अविनाश: *Zara, to know the Project status, ask for progress report not account's file.*

अविनाश, शक्ति से बोलता है – *"Please call the site engineer, quantity surveyor and procurement in charge for the meeting along with status report and all the approved and as built drawings."*

शक्ति, *Zara* की तरफ देखते है, वो उन्हें देखकर हामी भर देती है, पूरा दिन टीम के साथ प्रोजेक्ट स्टडी करने के बाद ।

अविनाश: "पता नहीं तुम्हारे डैड कैसे इस कंपनी को चला रहे थे"

तभी वहा टीबॉय आकर खान के आने की खबर देता है ।

Zara: उन्हें यही लेकर आ जाओ ।

थोड़ी ही देर में नवाज खान (सावला रंग, दुबला शरीर, औसत कद और तेज नजर) अपने वकील के साथ मीटिंग रूम में प्रवेश करते है, औपचारिक परिचय के बाद मीटिंग शुरू की जाती है ।

खान: हमने आपकी कंपनी को एक प्रोजेक्ट दिया था 11 मंजिल की बिल्डिंग बनाने का ।

उस प्रोजेक्ट की अवधी जो कि 10 महीने की थी उसमें से 6 महीने बीत चुके है और अभी तक आपके बिल्डिंग का ढांचा भी पूरा नहीं हुआ ।

आपके पास न तो मटेरियल है न तो मैनपावर और जैसा की मैंने पिछली बार की मीटिंग में बता दिया था की आप लोगो को आगे कोई एक्सटेंशन नहीं मिलने वाली तो अब आप मुझे ये बताइये की मैं कैसे आप पर यकीं करू की आप समय सीमा के अंदर इस काम को ख़त्म कर लेंगी ।

Zara: "मुझे थोड़ा वक़्त चाहिए ताकि मैं प्रोजेक्ट को थोड़ा समझ सकू और तब जाकर मैं आपको कोई जवाब दे सकती हु"

Zara की बात सुनकर खान अपने वकील को इशारा करते है, वकील, उसकी तरफ कॉन्ट्रैक्ट की कॉपी बढ़ाकर बोलता है।

आप क्लॉज़ नंबर *14* देख सकती है जिसमें साफ - साफ लिखा है की वक़्त पर काम ख़त्म न कर पाने की सूरत में कॉन्ट्रैक्ट को टर्मिनेट कर दिया जायेगा और हमारी कंपनी किसी दूसरी कंपनी को ये काम दे देगी और आपको काम में देर करने की वजह से हर्जाना भरना होगा।

खान, *Zara* को अपने मोबाइल स्क्रीन पर कुछ अंक लिखकर दिखाते है और बोलते है।

मुझे हर हफ्ते इतने पैसो का नुकसान होगा अगर काम वक़्त पर ख़त्म न हुआ तो और मैं इसकी भरपाई आपसे करूँगा और इतना कहकर खान और उनका वकील वहा से चले जाते है ।

खान के चले जाने के बाद *Zara*, शक्ति से पूछती है: क्या हम वक़्त पर ये काम पूरा कर सकते है?

शक्ति: "पता नहीं बेटा" ।

Zara: प्रोजेक्ट कहा है?

शक्ति, *Zara* को प्रोजेक्ट की लोकेशन बताते है ।

Zara, अविनाश की तरफ देखकर बोलती है "मैं प्रोजेक्ट देखने जा रही हु वापस आकर तुमसे मिलती हु" ।

और इतना कहकर कंधे पर अपना बैग टांगकर *Zara*, प्रोजेक्ट लोकेशन की तरफ निकल पड़ती है ।

CHAPTER 4 – WRONG TRAIN

ऑफिस से निकलकर *Zara* रेलवे स्टेशन के पूर्वी हिस्से में पहुंची, लेकिन उसे पश्चिमी हिस्से में जाना है क्योंकि प्रोजेक्ट पश्चिम में है ।

उसने आस पास नजर दौड़ायी और वहां उसे एक ब्रिज नजर आया, सड़क पार कर वो रेलवे स्टेशन के बाहरी पेडेस्ट्रियन पर पहुंची और उस ब्रिज की ओर बढ़ने लगी, बिना इस एहसास के की वो रेलवे स्टेशन के अंदर प्रवेश कर चुकी थी ।

जैसे ही *Zara* ब्रिज के पास पहुंची उसे ब्रिज के नीचे खड़ा एक टिकट कलेक्टर नजर आया जो हर एक आते जाते व्यक्ति के टिकट को जांच रहा था, वो उस टिकट कलेक्टर को देखकर घबरा गयी।

उसने आस पास नजर दौड़ाई और फिर एक निकास द्वार की तरफ बढ़ गयी, लेकिन वहाँ भी उसे दो महिला पुलिस कर्मचारी नजर आयी।

Zara वापस मुड़ी और पेडेस्ट्रियन से होकर उसी जगह पहुंची जहाँ से वो पहले आयी थी लेकिन उसे वहाँ भी एक टिकट कलेक्टर नजर आया।

वो वापस मुड़ी और प्लेटफार्म की तरफ बढ़ गयी, थोड़ी दूरी पर उसे एक वेटिंग रूम नजर आया, उसने उस वेटिंग रूम के अंदर प्रवेश किया, आस पास नजर दौड़ने पर उसे एक खाली सीट मिली जिस पर जाकर वो बैठ गयी ।

उसके पास वाली सीट पर एक बुजुर्ग व्यक्ति बैठे थे, थोड़ी देर में एक उम्रदराज महिला, वाशरूम से निकलकर उस बुजुर्ग व्यक्ति के पास आयी और बोली "अब तो मोबाइल, चार्जिंग से निकाल लो हमारी ट्रेन अभी थोड़ी ही देर में आ जायेगी" । महिला, की बात सुनकर बुजुर्ग व्यक्ति वहाँ से उठकर चले जाते है ।

तभी एक अनाउंसमेंट होती है किसी ट्रेन के आने की और ज्यादातर लोग वहाँ से उठकर चले जाते है।

करीब 5 मिनट बाद *Zara,* अपनी जगह से उठकर वेटिंग रूम से बाहर निकलती है और प्लेटफार्म पर पहुँचती है जहां उसे एक टिकट कलेक्टर अपने हाथ में एक फाइल लिए खड़ा नजर आता है उस टिकट कलेक्टर को नजर अंदाज करते हुए वो ब्रिज की तरफ बढ़ती है लेकिन वहा उसे फिर एक टिकट

कलेक्टर नजर आता है, वो कुछ समझ नहीं पाती और तुरंत प्लेटफार्म पर खड़ी ट्रेन में चढ़ जाती है और ट्रेन के अंदर से आगे बढ़ती हुई ब्रिज की तरफ बढ़ने लगती है। आखिरी डिब्बे के दरवाजे के पास वो पहुँचती है जहां एक महिला अपने ढेर सारे सामान के साथ खड़ी है और उसका कुली और भी थोड़े सामान को ट्रेन में चढ़ा रहा है।

Zara: ऑन्टी आप अपना सामान किनारे करेंगी मुझे बाहर उतरना है,

वो महिला उसे देख बोलती है: तुम दूसरे दरवाजे से चली जाओ, मेरा सामान बहुत ज्यादा है।

Zara: मुझे इसी दरवाजे से जाना, आप अपना सामान यहाँ से हटा लीजिये।

महिला: तुम्हें दूसरे दरवाजे से नहीं जाना तो ये तुम्हारी समस्या है, मैं अकेले 5 सूटकेस कैसे हटा लूँ।

और इसी के साथ ट्रेन चलनी शुरू हो जाती है और वो महिला अपने कुली के ऊपर चिल्लाने लगाती है "भाई बाकी का सामान भी जल्दी चढ़ा दो "।

Zara तुरंत भागकर दूसरे दरवाजे पर पहुँचती है लेकिन तब तक ट्रेन रफ्तार पकड़ चुकी है और वो दरवाजे के पास खड़े एक लड़के से बोलती है साइड हटो मुझे उतरना है।

वो लड़का उसे देख बोलता है "मैम रिस्क है, उतरिये मत, आप एक काम कीजिये अगले स्टेशन पर उतर जाइये"

ट्रेन रफ्तार में है और अब *Zara* के पास कोई रास्ता भी नहीं है अगले स्टेशन पर उतरने के अलावा।

Zara दरवाजे से थोड़ी दूर आकर खड़ी हो जाती है की तभी उसकी नजर सामने से आते हुए टिकट कलेक्टर पर पड़ती है, वो उसे देख घबरा जाती है और दूसरे डिब्बे की तरफ बढ़ने लगती है, 3-4 डिब्बे क्रॉस करने के बाद उसे एक सीट पर वही बुजुर्ग व्यक्ति नजर आते है जिन्हें उसने वेटिंग रूम में देखा था।

Zara उस बुजुर्ग व्यक्ति के पास जाकर बैठ जाती है और उनसे पूछती है - अगला स्टेशन कौन सा है अंकल?

अंकल: पनवेल।

Zara के चेहरे के भाव को पढ़ कर अंकल बोलते है - क्या हुआ बेटा, सीट नहीं है?

Zara: मेरे पास तो टिकट भी नहीं है अंकल, मैं गलती से इस ट्रेन में आ गयी।

अंकल:

"वो तो सफर पूरा होने के बाद ही पता चलेगा की जो ट्रैन हमने पकड़ी वो सही थी या नहीं"

Zara के चेहरे पर अंकल की बात सुनकर एक हल्की सी मुस्कान आ जाती है।

अंकल: मैंने अपने बेटे के लिए भी रिजर्वेशन कराया था लेकिन वो आया नहीं इसलिए मेरे पास एक एक्स्ट्रा बर्थ है ऊपर वाली, तुम उसे ले लो, मैं टिकट कलेक्टर को बता दूंगा, इतने में वहाँ ऑन्टी आ जाती है।

अंकल, ऑन्टी से "इस बच्ची के पास सीट नहीं है तो मैंने बंटी की सीट इसे दे दी"।

Zara: शुक्रिया अंकल लेकिन मुझे बस अगले ही स्टेशन पर उतर जाना है।

ऑन्टी: बेटा अगला स्टेशन रात बारह बजे आएगा और अकेले तुम्हारा सुन सान स्टेशन पर उतरना मुनासिब नहीं, इसलिए तुम हमारी सीट ले लो लेकिन अगले स्टेशन पर बिलकुल मत उतरना।

Zara: कोई बात नहीं ऑन्टी मैं मैनेज कर लुंगी, आप मुझे बस बता देना जब अगला स्टेशन आएगा।

ऑन्टी: ठीक है।

और इसी के साथ वो ऊपरी बर्थ पर चली जाती है।

बर्थ पर जाकर जैसे ही वो लेटती है, उसकी आंख कब लग जाती है उसे पता नहीं चलता।

चाय वाले की आवाज सुनकर *Zara* की नींद जैसे ही खुलती है वो अपने बर्थ से उतरकर नीचे आती है। नीचे की बर्थ पर उसे एक लड़का नजर आता है।

Zara: यहाँ जो यात्री थे वो कहा है?

लड़का: शायद वो अपने स्टॉप पर उतर गए होंगे क्योंकि इटारसी से तो मेरी रिजर्वेशन है।

Zara: क्या टाइम हुआ?

लड़का: *8:30 AM.*

Zara: अगला स्टेशन कौन सा है।

लड़का: भोपाल, आखिरी स्टेशन है।

वैसे तो इस तरह की परिस्थिति में *Zara* को पैनिक होना चाहिए लेकिन न जाने क्यों वो पैनिक नहीं थी।

Zara ने अपने बैग से अपना ब्रश निकाला और बेसिन की तरफ चली गयी, फ्रेश होकर अपनी सीट पर वापस आयी, एक चाय लिया और थोड़ी ही देर में ट्रेन स्टेशन पर रुकी, मुंबई की अपेक्षा यहां काफी कम भीड़ थी, वो तुरंत रिज़र्वेशन काउंटर की तरफ बढ़ती है अपने वापसी की टिकट लेने के लिए, टिकट काउंटर से फॉर्म लेकर वो फॉर्म भरना शुरू करती है की तभी किसी के ज़ोर - ज़ोर से चिल्लाने की आवाज़ उसे सुनाई देती है ।

वो खुद को रोक नहीं पाती और उस आवाज का पीछा करते प्लेटफार्म तक पहुँचती है जहां एक बैंच पर एक लड़की (जिसकी उम्र लगभग १९-२० साल की, दुबला शरीर, गेहुआ रंग और लम्बी कद) और एक लगभग 50 साल की उम्र का साधु गेरुए कपडे पहने उस बैंच पर बैठे थे । उस लड़की की आँखों में आशु और चेहरे पर दर्द है ।

दो गुंडे जैसे दिखने वाले लड़के थोड़ी दूरी पर खड़े होकर उस लड़की को गिद्ध की नजरों से घूर रहे थे।

साधु : "मेरी बात मानो बेटी अपने घर वापस लौट जाओ, माँ बाप से ज्यादा सगा इस दुनिया में कोई नहीं है, वो तुम्हें माफ कर देंगे, सोचो मत बेटी वापस लौट जाओ, बाहर की दुनिया बहुत ख़राब है "

और तभी किसी ट्रेन के आने की अनाउंसमेंट होती है और वो साधु अपनी जगह से उठ खड़ा होता है और बोलता है - चलता हु मैं, मेरी ट्रेन दूसरे प्लेटफार्म पर आएगी, ईश्वर तुम्हें सद्बुद्धि दे और तुम्हारी रक्षा करें और इतना कहकर वो साधु वहाँ से चला जाता है ।

साधु के वहाँ से जाते ही दोनों गुंडे उस लड़की के पास आकर बोलते है - आप चिंता मत कीजिये और हमारे साथ चलिए, हम आपको आपकी मंजिल तक सही सलामत पहुँचा देंगे ।

लड़की: वो कांस्टेबल देख रहे हो वहाँ, अगर मैंने उसे एक आवाज लगायी तो तुम्हें वो सही जगह पहुँचा देगा, इस लिए ज्यादा होशियारी मत दिखाओ और निकलो यहां से ।

उस लड़की की बात सुन वो दोनों वहाँ से निकल जाते है ।

Zara उस लड़की के बगल में आकर बैठ जाती है और उस लड़की से पूछती है - ऐसा क्यों कहा उस साधु में की माँ बाप से ज्यादा सगा इस दुनिया में और कोई नहीं ।

वो लड़की *Zara* की तरफ देख बोलती है ।

माँ – बाप, भाई-बहन ये वो रिश्ते है जिन्हे हमने खुद नहीं चुना बल्कि ईश्वर ने चुना है हमारे लिए इसलिए इस दुनिया में इन रिश्तो से ज्यादा सगा कोई और रिश्ता नहीं होता ।

Zara: नाम क्या है तुम्हारा?

लड़की जवाब देती है "जया "।

Zara: मेरा नाम *Zara* है।

Zara की बात सुनकर जया कोई जवाब नहीं देती।

Zara: जब जिंदगी में आगे का रास्ता न नजर आये तो अपने कदम पीछे खींच लेने चाहिए।

जया : "अगर हर बार कदम पीछे खींच लिया तो कभी मंजिल तक नहीं पहुंच सकेंगे और क्या पता शायद मंजिल भी हमारा इंतजार कर रही हो" ?

Zara: कहा जाना है तुम्हे?

जया : मुंबई, पिछले महीने एक फिल्म का ऑडिशन दिया था दिल्ली में, रोल मुझे मिल चूका है लेकिन पापा नहीं चाहते की मै......

Zara, थोड़ी देर बाद बोलती है -

Zara: सामने वाली प्लेटफॉर्म की बेंच पर पीले रंग की साडी पहने जो महिला बैठी है उसे काफी देर से मैं नोटिस कर रही थी।

जया - क्या ?

Zara: उसका छोटा सा बेटा, हर बार माँ का हाथ छुड़ाकर ट्रेन की पटरियों की तरफ भाग रहा है ये देखने की ये पटरिया कहा तक जाती है लेकिन हर बार वो महिला उसके पीछे भागती है और उसे वापस खींचकर ले आती है।

जया - हां, क्यूंकि उस बच्चे को नहीं पता की वो पटरियों पर गिर सकता है और तब अगर अचनाक ट्रेन आगयी तो ?

Zara: गलत न तो माँ है न तो बच्चा, बच्चा उत्सुक है, एक्स्प्लोर करना चाहता है और माँ चिंतित।

तभी वो औरत अपनी जगह से उठ खड़ी होती है और अपना बैग कंधे पर टांगकर बच्चे को गोद में उठाकर ट्रेन की पटरियों के पास आकर खड़ी होजाती है और वो बच्चा उत्सुकता से ट्रेन की पटरियों को देखने लगता है और थोड़ी देर बाद अपनी नजर हटाकर माँ के चेहरे को देखता है फिर दोनों एकदूसरे को देखकर मुस्कुराते है।

कुछ क्षणों बाद ये देख जया अपनी जगह से उठ खड़ी होती है।

Zara, उसे देख, इशारा कर बोलती है - टिकट काउंटर उस तरफ है।

जया टिकट काउंटर तक पहुँचती है और लाइन में लग जाती है, *Zara* भी उसके पीछे ही खड़ी है।

ज़या की बारी आती है तो केशियर पूछता है - कहा की टिकट चाहिए ?

जया कोई जवाब नहीं देती और काउंटर से हट जाती है।

Zara की बारी आती है, केशियर उससे वही सवाल पूछता है

Zara - दिल्ली की दो टिकट दे दो।

जया : पापा अगर नहीं माने तो ?

Zara: चल कर पूछ लेना और वैसे भी माँ बाप से ज्यादा सगा कोई नहीं होता।

जया कोई जवाब नहीं देती

Zara के विदेशी कोटे से उन्हें सीट मिल जाती है

Zara: ट्रेन शाम 6.30 बजे की है जो कल सुबह दिल्ली पंहुचा देगी तब तक हमें वेटिंग रूम में इंतजार करना होगा

जया: मैं अकेले चली जाउंगी आपको मेरे साथ आने की जरुरत नहीं

Zara: मैंने भी यंही सोचा था की तुम्हे दिल्ली की ट्रेन पर बैठाकर, मैं मुंबई चली जाउंगी लेकिन फिर ये एहसास हुआ की अगर मैंने ऐसा किया तो शायद मैं खुद से पूरी जिंदगी ये सवाल पूछती रहूँगी की क्या तुम अपने घर पहुंच पायी या फिर दिल्ली रेलवे स्टेशन से कोई और ट्रेन पकड़ लिया, क्या तुम फिर कभी अपने डैड से मिल पायी ?

इसलिए तय किया की पूरी जिंदगी खुद से ये सवाल करने से बेहतर है की कुछ घंटो का सफर तय कर लेते है…

जया: ठीक है (फिर दोनों वेटिंग रूम की तरफ चल पड़ते है)

अगले दिन सुबह दोनों जया के घर पहुंचते है। घर का दरवाजा जया का भाई खोलता है, जया और *Zara* घर के अंदर प्रवेश करते है जहा हॉल में सोफे पर जया के पापा और दादाजी बैठे है और बगल के डाइनिंग टेबल के पास उसकी माँ और बहन बैठी है, जया की बहन उसे लेकर उसके कमरे में चली जाती है, जया के पापा अपनी जगह से उठकर जया के कमरे की तरफ जैसे ही मुड़ते है।

Zara उन्हें एक आवाज देती है – "अंकल वेट" (और इसी के साथ उनके कदम वही रुक जाते है)।

Zara: मुझे पता है, शायद ये बात आप को अच्छी न लगे लेकिन फिर भी मैं ये बताना चाहूंगी की आप जहा है वहा से आपके शब्द आपके और जया के बीच या तो एक दुरी बना सकते है जिन्हे मिटाना शायद बहुत मुश्किल हो या फिर एक नया बंधन बना सकते है जिसमे माफ़ करने की क्षमता, ज्यादा भरोसा और रेस्पेक्ट हो।

आप लोगो को गुस्सा आ रहा होगा, लगता होगा की जया अपने स्वार्थ और जिद् में घर छोड़कर गयी, लेकिन मुझे लगता है की अपने पैशन पर काम करना, एक बेहतर जिंदगी जीने की कामना करना स्वार्थ और जिद नहीं है। और ऐसा भी नहीं है की वो डर गयी थी इसलिए वापस आयी है, वो आपलोगो को तकलीफ देकर खुश नहीं रहना चाहती थी।

तो अगर वो आपकी परवाह करके अपने करियर को कुर्बान कर सकती है तो क्या आप उसकी परवाह करके उसके लिए अपनी जिद को नहीं छोड़ सकते? और रही बात उसके लिए चिंता की तो एक न एक दिन तो उसे घर से बाहर निकलना ही होगा।

Zara की बात सुनकर अंकल वही पड़े सोफे पर बैठ जाते है, *Zara* गेट की तरफ बढ़ जाती है।

जया की माँ उसके पीछे निकलकर गेट तक पहुँचती है जहा *Zara* की टैक्सी खड़ी है और ड्राइवर वही खड़ा अपना मोबाइल चेक कर रहा है

जया की माँ *Zara* से बोलती है - किस तरह मैं तुम्हारा शुक्रिया अदा करू बेटा मुझे नहीं पता, बस इतनी दुआ है की तुम जहा रहो सलामत रहो और ईश्वर तुम्हे लम्बी उम्र दे।

Zara – आंटी, अंकल को थोड़ा समझाइयेगा।

आंटी: बेटा कोई माँ बाप बच्चे का दुश्मन नहीं होता, जया के पापा दिखाते नहीं लेकिन फ़िक्र तो उन्हें भी थी, दिल्ली के हर एक पुलिस स्टेशन और हॉस्पिटल का चक्कर लगा लिया, यहा तक की जी बी रोड भी गए, इस आशंका में की कही किसी ने बहला फुसला कर उसे वहा न छोड़ दिया हो, इस हद तक पहुंच चुके थे ये जानते हुए भी के वहा पे बच्चियों की जिंदगी नर्क से भी बत्तर होती है, फिर भी हमें हमारी बेटी सही सलामत मिल जाये इसके लिए सब कुछ किया।

तभी वहा जया का भाई आजाता है, उसे देख जया की माँ बोलती है - अच्छा बेटा अब चलती हु, तुम अपना ख्याल रखना।

Zara आकर टैक्सी में बैठ जाती है। वो अपने ही खयालो में गुम थी की तभी टैक्सी ड्राइवर बोलता है "सच ही तो कह रही थी, वहा लड़कियों की जिन्दगी नर्क से भी बत्तर है"।

Zara: कहा?

ड्राइवर: जी बी रोड पर।

Zara: क्या होता है वहा ?

ड्राइवर अपने फ़ोन में एक वेबपेज खोलकर उसे देता है, जिसमे सेक्सवर्कर और उनकी स्थिति के ऊपर कोई आर्टिकल थी, जिसे देख उसके होश उड़ जाते है ।

Zara: (थोड़ी देर सोचने के बाद) - ऐसा नहीं होता होगा, ये मीडिया वाले कुछ भी छापते है ।

तभी उसे सामने एक छोटी बच्ची नजर आती है जो रेलवे स्टेशन के पास के रोड पर करतब दिखा रही है।

ड्राइवर - मैडम मैं भी यकीन नहीं कर रहा था जबतक वहा गया नहीं था, इंटरनेट पे तो सिर्फ एक दो किस्से बताये गए है । वहा जाकर देखे तो पता चलेगा की उन गलियों में ऐसे न जाने कितने अनगिनत किस्से दफ़न है?

Zara: तो कोई कुछ करता क्यों नहीं, पुलिस क्यों नहीं कुछ करती?

ड्राइवर: "अच्छा मज़ाक है मैडम" ।

Zara: मैं मजाक नहीं कर रही, आखिर पुलिस कुछ क्यों नहीं करती?

ड्राइवर: इस बात का जवाब तो पुलिस ही दे सकती है मैडम ।

तभी टैक्सी रेलवे स्टेशन पहुँचती है ।

Zara: यहा आस पास कोई पुलिस स्टेशन है?

ड्राइवर - हा है ।

Zara: मुझे वहा लेकर चलो ।

ड्राइवर: मैडम आप इन सब चक्करो में मत पड़िये ।

Zara: आप मुझे पुलिस स्टेशन लेकर चलो । (ड्राइवर कुछ नहीं बोलता और टैक्सी पुलिस स्टेशन की तरफ मोड़ लेता है) ।

CHAPTER 5 - GRIEVANCE

पुलिस स्टेशन पहुंच कर *Zara* एक ऑफिसर से बोलती है - मुझे कम्प्लेन दर्ज करानी है।

वो ऑफिसर एक काउंटर की तरफ इशारा करता है।

Zara उस काउंटर पर पहुंचकर एक दूसरे ऑफिसर से बोलती है - मुझे कम्प्लेन दर्ज करानी है।

ऑफिसर: किसके खिलाफ?

Zara: उस सिंडिकेट के जो ह्यूमन ट्रैफिकिंग और प्रोस्टीटूशन में शामिल है।

ऑफिसर: और कहा है वो सिंडिकेट?

Zara: मुझे क्या पता, ये तो आप का काम है पता लगाना।

Zara की बात सुनकर वो ऑफिसर पेन की कैप बंद कर पेन साइड में रखकर *Zara* को घूरता है, वो भी उसे घूरती है।

ऑफिसर: क्या आप को पता है की मेरा वक़्त बर्बाद करने और मुझसे बेवजह तर्क करने के जुर्म में मैं आप को गिरफ्तार कर सकता हु।

Zara: न तो मैं आप से बेवजह तर्क कर रही हु और न ही आपका वक़्त बर्बाद कर रही हु बल्कि आप मेरा वक़्त बर्बाद कर रहे है मेरी कम्प्लेन न दर्ज करके।

मेरे पास गूगल की रिपोर्ट है जिसमें साफ लिखा है की हर साल *8,000* लड़कियाँ नॉर्दन इंडिया से दिल्ली ले आयी जाती है - ह्यूमन ट्रैफिकिंग और किड्नैपिंग के जरिये और जबरदस्ती इस नर्क में धकेल दी जाती है। तो इसलिए मेरी आपसे नम्र निवेदन है की आप मेरी बात को गंभीरता से ले और मेरी कम्प्लेन लिखकर उन लोगों के खिलाफ कारवाही करें।

Zara की बात सुन वो ऑफिसर अपनी जगह से उठकर चला जाता है। उसके इस बर्ताव को देख *Zara* अचम्भित हो जाती है और दूसरे ऑफिसर की तरफ देखकर पूछती है - किधर गया ये ?

तभी *Zara* को एक आवाज सुनाई देती है।

Sir, आपसे मिलना चाहते है, मेरे साथ अंदर आइये।

Zara बिना कुछ सोचे उस ऑफिसर के पीछे चल पड़ती है, ऑफिसर उसे एक केबिन के पास लेकर पहुँचता है जिसके दरवाजे पर *Superintendent Police* के नाम की नेमप्लेट लगी हुई है।

Zara दरवाजा नॉक कर अंदर प्रवेश करती है।

जहां एक लम्बी कद का नौजवान कुर्सी पर बैठा है और किसी फाइल को ध्यान से देख रहा है, उसके टेबल पर सूरज नाम की एक नेमप्लेट है और वो इशारे से *Zara* को सामने की कुर्सी पर बैठने के लिए बोलता है।

Zara कुर्सी पर बैठ जाती है।

सूरज, *Zara* से बोलता है: *May I see you your ID?*

Zara उसे अपने कॉलेज की *ID* देती है।

सूरज: *May I see your passport?*

Zara उसे अपना पासपोर्ट देती है।

Suraj: Let me figure out, you are a psychology student, came to India to do some research on brothel and now you are feeling petty about their situation therefore, you want to file a complaint against it.

Zara: I neither came India for research nor I have seen them but whatever I have seen and understood was well enough to conclude that they don't deserve it even nobody does and that's why I am here.

सूरज: *"in short we can't help you"*

Zara: क्यों?

सूरज: भले ही आप जिस देश से आयी है वहाँ प्रोस्टीटूशन गैरकानूनी है लेकिन हमारे देश में ये लीगल है और इसलिए हम कुछ नहीं कर सकते।

Zara: प्रोस्टीटूशन से दूसरी चीजे जुड़ी है जैसे ह्यूमन ट्रैफिकिंग और किड्नैपिंग और ये सारी चीज़ें तो कानून के खिलाफ है।

सूरज: और क्या साबुत है आपके पास की जो लड़कियाँ वहाँ काम करती है वो सभी ट्रैफिकिंग के जरिये वहाँ लायी गयी है, हो सकता है वो अपनी मर्जी से वहाँ गयी हो।

Zara: 10 – 14 साल के उम्र की बीच की बच्चियों को वहाँ दूसरे शहरों से लाकर कोई एजेंट उन्हें ब्रॉथेल में बेच देता है इसमें उनकी मर्जी कहा से होगी ।

सूरज: जो सिंडिकेट ये सब चलाते है वो पॉवरफुल है उनके पास लॉयर्स की पूरी टीम होती है । कानून की आड़ में हम उनके खिलाफ कारवाही कर तो सकते है लेकिन उसके लिए हमारे पास पुख्ता सुबूत होने चाहिए बिना सुबूत के हम कुछ नहीं कर सकते, यहाँ तक की उनके अड्डे पर रेड तक नहीं डाल सकते ।

Zara: और वो सुबूत हमें कैसे मिलेंगे ।

सूरज: जो भी सेक्स वर्कर्स इस काम से जुडी हुई है अगर वो ये बयान दे की वो जबरदस्ती इस काम के ढकेली गयी है तो हम कोर्ट में अपील करके उन्हें रेस्क्यू करवा सकते है ।

Zara: We can ask them, I will go there to talk to them.

Suraj: It's not that easy, Last week we rescued 3 foreigners from G.B. road and I must say that they were very lucky to be alive by the time of their rescue.

सूरज: अगर आप वहा गयी तो किसी दिन हमें कचरे के डब्बे के बाहर आपका पासपोर्ट और मोबाइल मिलेगा और कभी किसी को पता भी नहीं चलेगा की आपके साथ क्या हुआ ।

सूरज: मेरी तो यही सलाह है की घर वापस लौट जाइये ।

निराश होकर *Zara* अपनी सीट से उठ खड़ी होती है ।

सूरज: *I really appreciate your efforts but...*

इससे पहले की सूरज अपनी बात पूरी कर पाता ।

Zara बोल पड़ती है – यहां आने से थोड़ी देर पहले मैंने देखा की रेलवे स्टेशन के बाहर एक लड़की रोड शो कर रही थी ।

कोल्ड ड्रिंक्स की चार खाली बोतलों के ऊपर लकड़ी की एक *20*20* इंचेस की शीट रखकर खुद को उसने बैकफ्लिप किया था, अपने आप में एक मास्टर पीस ।

Zara: जब भी ओलंपिक्स शुरू होने वाले होते है, हमारे देश के प्रेजिडेंट हमें एक स्पीच देते है जिसका उद्देश्य होता है ओलंपिक्स में पार्टिसिपेट करने वाले प्लेयर्स को मोटीवेट करना ताकि वो

पिछली बार से बेहतर परफॉर्म करें, उनका कम्पटीशन दूसरे लोगों या देशों से नहीं बल्कि पहले खुद से हो ।

मैं हमेशा यही सोचती थी क्यों 130 करोड़ की आबादी वाला देश इंडिया ओलंपिक्स में Top 30 में भी नहीं होता और हम 30 करोड़ की आबादी वाले USA Top 3 में होते है और आज मुझे मेरे सवाल का जवाब मिल गया ।

रेलवे स्टेशन के बाहर रोड शो करने वाली वो 12 साल की बच्ची जिसके अंदर किसी ओलंपिक्स में जितने वाले प्लेयर से कम टैलेंट नहीं है अगर कल सड़क पर चलते हुए वो किडनैप हो गयी और फिर किसी ब्रॉथेल में ढकेल दी गयी तो भी कोई कुछ नहीं कर सकेगा क्योंकि इस देश का डिफेंस सिस्टम इतना कमजोर है की उसका टॉप रैंक ऑफिसर भी लोगों को इस गन्दगी के खिलाफ न बोलने की सलाह देता है ।

"जिस देश में बच्चों को ग्रोथ की जगह सेल्फ डिफेंस की फिक्र हो उस देश से ग्रोथ की क्या उम्मीद कर सकते है ।"

मैं जा रही हु जी बी रोड, वहाँ जाकर हर एक सेक्स वर्कर को आवाज दूंगी शायद कोई मिल जाये जो मुझसे बात करने को तैयार हो जाये ।

और इतना कहकर *Zara* अपना बैग उठाकर दरवाजे की तरफ मुड़ती है की तभी उसके कदम वही रुक जाते है और वो पीछे मुड़कर सूरज से पूछती है ।

Zara: जिन 3 लोगो को आप ने बचाया था क्या मैं उनसे बात कर सकती हु?

सूरज: वो लोग अब हमारी कस्टडी में नहीं है ।

Zara: तो कहा है?

सूरज: उनके एम्बेसी वाले उन्हें लेकर गए ।

Zara: ठीक है, मैं जी बी रोड जा रही हु मुझे पुलिस प्रोटेक्शन चाहिए विदेशी नागरिक होने के नाते आपको मुझे प्रोटेक्शन देनी पड़ेगी ।

सूरज: आप एक एप्लीकेशन सबमिट कर दीजिये, मैं आपको सिक्योरिटी के नाम पे लेडी कांस्टेबल मुहैया करा सकता हु ।

Zara: "Thank you"

और इसी के साथ सूरज अपने टेबल पर रखी बेल बजाता है और एक कांस्टेबल वहाँ आता है।

सूरज: गीता और सरफराज को लेकर आओ।

थोड़ी देर में गीता (लम्बी कद और भावहीन चेहरा) और सरफराज वहाँ आते है।

सूरज: ये मैडम *Zara* है और इन्हे हमें पुलिस प्रोटेक्शन देनी है।

सूरज, *Zara* से - आप बाहर इंतजार कर सकती है मुझे अपनी टीम से कुछ बाते करनी है।

सूरज के आदेश पर *Zara* बाहर चली जाती है।

सूरज अपनी टीम को पूरी बाते समझाता है।

थोड़ी देर बाद गीता और सरफराज बाहर निकल कर आते है।

गीता: मैडम, आप थोड़ा इंतजार करो मैं ड्रेस बदलकर फॉर्मल पहन लेती हु।

गीता: सरफराज तू पहले निकल कर लॉज पहुंचकर सारी अरेंजमेंट देख ले मैं मैडम को लेकर पीछे से पहुँचती हु।

सरफराज: ठीक है और फिर इतना कहकर सरफराज अपनी बाइक पे सवार होकर लॉज की तरफ निकल पड़ता है।

Zara: लॉज।

गीता: हां, जी बी रोड पर हमारा एक इनफॉर्मर है उसका लॉज है वहा, सर ने हमें वही रुकने के लिए बोला है, वहा रूककर हम अपना काम कर सकते है।

Zara: ठीक है।

CHAPTER 6 – BURDEN OF CHOICES

गीता की स्कूटी पर सवार होकर दोनों लॉज पहुंचते है जहा लॉज का मालिक उन्हें पहली मंजिल पर दो कमरे जो की एक दूसरे के सामने स्थित है उन्हें किराये पर देता है, एक कमरे में सरफराज तो दूसरे कमरे में गीता और *Zara* ठहरते है, (कमरा बिलकुल बेसिक है, एक अटैच्ड बाथरूम, २ सिंगल बेड, एक मेज-कुर्सी, एक पुरानी टीवी और एक बड़ी सी खिड़की जिससे पूरा जी बी रोड साफ नजर आता है) कमरे में पहुंचकर *Zara* खिड़की से बाहर रोड की तरफ देखती है और तभी गीता, उस से बोलती है – मैडम, वाशरूम आप इस्तेमाल कर लो फिर मैं इस्तेमाल करने जाउंगी।

Zara शावर लेने चली जाती है और थोड़ी देर बाद वापस आकर कैटल में गीता और खुद के लिए चाय बनाती है की तभी उसे किसी के ज़ोर - ज़ोर से चिल्लाने की आवाज सुनाई देती है। वो तुरंत दरवाजा खोल कर देखती है तो सामने एक आदमी, एक औरत (सांवला रंग लम्बी कद और दर्द भरी गहरी काली आंखे), का हाथ खींचते हुए उसे एक कमरे की तरफ ले कर जा रहा है।

Zara तुरंत उस आदमी की तरफ बढ़ती है और उस औरत का हाथ छुड़ा कर बोलती है - *How dare you to touch her, I am going to call the Police.*

पुलिस का नाम सुनते ही वो आदमी वहा से बिना कुछ बोले निकल जाता है।

Zara उस औरत की तरफ देख कर बोलती है - *Are you ok?*

वो औरत इससे पहले की कुछ बोलती, गीता वहा आजाती है और वो औरत गीता को देख वहा से निकल जाती है।

Zara, गीता के साथ कमरे में वापस आजाती है।

Zara: एक काम करते है बाहर निकल कर देखते है शायद कोई मिल जाये बात करने के लिए।

गीता: रोड साइड ही रहेंगे तो बेहतर होगा।

Zara: ठीक है।

Zara और गीता दोनों मार्किट पहुंचते है जहा उन्हें कुछ लडकिया रोड के किनारे खड़ी नजर आती है ।

Zara उनकी तरफ बढ़ती है की तभी एक आदमी जो शायद कोई एजेंट है उनके पास आकर खड़ा हो जाता है और उसे देख गीता, *Zara* को इशारे से वहा से हट जाने को बोलती है ।

Zara, गीता से: क्या करे ?

गीता: हम कुछ नहीं कर सकते, ये दलाल उनके साथ है, वापस लॉज चलते है ।

Zara: अगर हर बार कदम पीछे खींचेंगे तो कभी मंजिल तक नहीं पहुंच पाएंगे ।

गीता, उसकी बातो का कोई जवाब नहीं देती की तभी *Zara* की नजर एक रेस्टॉरेंट पर पड़ती है जहा वही औरत खड़ी थी जो उसे लॉज में मिली थी ।

वे दोनों उस औरत के पास पहुँचती है और *Zara* उससे बोलती है *"Excuse me"*.

वो औरत उन दोनों को देख वहा से चली जाती है ।

Zara: अजीब है ।

गीता: चलिए मैडम कुछ खा लेते है ।

थोड़ी देर बाद दोनों लॉज वापस आ जाते है ।

Zara: कोई बात करने को तैयार क्यों नहीं हो रहा, कैसे मिलेंगे हम इनसे ।

गीता: कल सुबह फिर से शुरू करते है, काफी रात हो चुकी है आप सो जाइये मैडम ।

और ये कहकर गीता लॉज से बाहर निकल कर सूरज को फ़ोन करती है

गीता: सर, आज पूरी शाम मैडम ने कोशिश की लेकिन कुछ हाथ नहीं लगा, दो दिन तो छोड़िये मुझे लगता है कल दोपहर तक ही ऑपरेशन ख़त्म हो जायेगा ।

सूरज: ठीक है मुझे फ़ोन करना ।

गीता: जी सर, ठीक है और ये कहकर गीता कमरे में वापस आकर सो जाती है ।

आधी रात कमरे के दरवाजे को कोई नॉक करता है ।

गीता, दरवाजा खोलती है तो वहा उसे वही औरत नजर आती है जो उन्हें पहले रेस्टॉरेंट पे नजर आयी थी।

गीता, दरवाजे से हट जाती है ताकि वो औरत अंदर आ सके।

वो औरत *Zara* को देखकर बोलती है: दीदी, आपलोग कौन है और यहाँ क्यों आये है?

Zara: मेरा नाम *Zara* है और इनका गीता है।

Zara: तुम्हारा नाम क्या है?

औरत: मेरा नाम राखी है।

Zara: क्या तुम एक सेक्स वर्कर हो?

राखी, *Zara* को कोई जवाब नहीं देती।

Zara: हम लोग यहाँ आपकी मदद के लिए है।

राखी: हां दीदी, मैं एक सेक्स वर्कर हु।

Zara: कब से हो तुम यहाँ?

राखी: कई साल हो गए।

Zara: क्या तुम यहाँ अपनी मर्जी से आयी थी?

राखी: नहीं, मेरे पति ने मुझे,…

Zara: तुम्हे यही बात पुलिस को बतानी है।

राखी: क्या करेगी पुलिस हमारा, हमारे ऊपर तो सेक्स वर्कर होने का एक धब्बा लगा है, पुलिस तो उन मासूम बच्चियों को इंसाफ नहीं दिला सकती जिनका स्कूल जाते वक़्त रेप हो जाता है।

राखी के इतना बोलने के साथ ही माहौल बिलकुल शांत हो जाता है।

Zara: कोई तो तरीका होगा, कानून की मदद ले सकते है।

Zara: देखो बात ये है की जो लोग इस समूह को चलाते है उनके ऊपर दूसरे केसेस भी बनते है। जैसे की तुमने बताया की तुम यहाँ अपनी मर्जी से नहीं आयी तो जिसने भी तुम्हे इस दल-दल में धकेला उस के ऊपर किडनेपिंग और ह्यूमन ट्रैफिकिंग का केस बनता है।

हम उस केस के जरिये इन के खिलाफ कारवाही कर सकते है।

लेकिन उसके पहले आप लोगो को इनके खिलाफ खड़ा होना होगा।

राखी: ये लोग हमें मार डालेंगे।

गीता: जिन्दा तो अभी भी नहीं हो तुम लोग, तो फिर एक रिस्क ही लेलो।

राखी: (थोड़ा सोंचते हुए) ठीक है मैं गवाही देने को तैयार हु।

गीता: सिर्फ एक गवाह से काम नहीं बनेगा, हमें और लोग चाहिए।

Zara: हा, लेकिन अभी के लिए तो हम इसे पुलिस स्टेशन लेकर चल सकते है, इसे तो आज़ादी मिले।

राखी: गीता दीदी सही कहती है, सिर्फ एक गवाह से काम नहीं बनेगा और एक मायूसी के साथ राखी खिड़की के पास आकर सामने की उस बस्ती की तरफ देखती है जिसमे वो रहती है, तभी राखी की नजर सामने टेबल पर रखे *Zara* के टैब पर पड़ती है।

राखी: ये कंप्यूटर है न दीदी?

Zara: हां।

राखी: क्या इसमें रामायण चला सकते है

Zara: हा, बिलकुल।

राखी: ठीक है, मैं कोशिश करती हु की कुछ लोग कल सुबह 9 बजे रामायण देखने के बहाने यहाँ इक्कठे हो सके फिर आप उन लोगो से बात कर लेना अगर वे मान जाये तो फिर ठीक है।

Zara: जरूर, मैं इंतजार करूँगी।

इसी के साथ राखी वहां से चली जाती है

Zara, खिड़की से उस बस्ती की तरफ देखती है जहा सभी सेक्स वर्कर रहते है

अगले दिन सुबह राखी के साथ तीन और लोग *Zara* के लॉज पर पहुंचते है। राखी उनका परिचय *Zara* और गीता से कराती है। उन लोगो में से एक औरत जो करीब 40 की उम्र के आस पास है उनका नाम दामिनी है और दो लड़किया जोकि २०-२२ की उम्र की है उनका नाम सपना और संगीता है। सभी को बैठने को बोलकर *Zara* टैब में रामायण की फिल्म शुरू करती है।

करीब दो घंटे बाद जब फिल्म ख़त्म होती है तो दामिनी, *Zara* से हाथ जोड़कर कहती है – "धन्यबाद दीदी"।

Zara अपने दोनों हाथो में दामिनी के हाथो को थाम लेती है। उसके ऐसा करते ही दामिनी भावुक हो जाती है।

Zara, दामिनी से: आप रो क्यों रही है?

दामिनी: लोग हमें अछूत मानते है दीदी और आपने मेरा हाथ थामा।

Zara: कैसे अछूत हुए आप, आप लोगो के साथ जो हुआ उसमे आपकी कोई गलती नहीं थी।

सपना: इस समाज ने तो माँ सीता को स्वीकार नहीं किया दीदी, तो हम तो आम इंसान है।

Zara: मुझे आप लोगो की मदद चाहिए, क्या आप लोग पुलिस के सामने ये गवाही देंगे की आप लोगो को यहाँ जबरन लाया गया है।

दामिनी: और उसके बाद, कहा जायेंगे हम ?

Zara: क्यों, दुनिया बहुत बड़ी है ?

दामिनी: लेकिन इस बड़ी दुनिया में हमारे लिए कोई जगह नहीं है, हमारा अंतिम संस्कार तो आम लोगो के बीच हो नहीं पाता, हम सांसे कैसे ले सकेंगे उनके बीच, बाहर के समाज में काम तो छोड़ो कोई सर छुपाने के लिए हमें छत तक नहीं देता, फिर यहां से निकल कर कहा जायेंगे ?

गीता: मरने के बाद इस शरीर का क्या होगा इस बात की चिंता है लेकिन जीते जी इसके साथ क्या हो रहा है उसकी चिंता नहीं है, अगर प्रेरणा लेनी है तो उस बात की लो जो तुम्हे मजबूत बनाये।

जैसे माँ सीता को ईश्वर पर भरोसा था, तुम भी ईश्वर पर भरोसा करो अपने आने वाले कल के लिए।

और जैसे फूलन देवी को भरोसा था खुद पर तभी तो उसने हथियार उठाया, अपनी आज़ादी खुद हासिल की।

गीता इससे आगे कुछ बोल पाती *Zara* उसे रोक देती है

दामिनी: अब हम चलते है दीदी।

और इसी के साथ सभी वहा से चले जाते है।

Zara, गीता से: रूड होने की जरुरत नहीं थी।

गीता: कड़वी दवा ही अक्सर काम आती है मैडम।

Zara: इनकी समस्या जीतनी दिखती है उससे भी कही बड़ी है, मुझे लगा था की शायद मैं कुछ कर सकती हु पर अब लगता है की मैं गलत थी।

गीता: तो फिर आगे क्या करना है ?

Zara: मेरी फ्लाइट भी है, बेहतर होगा अगर मैं मुंबई के लिए निकल जाऊ तो।

गीता: ठीक है जैसा आप कहे, शाम को हमें थाने जाना होगा, सूरज सर को रिपोर्ट करने।

Zara: ठीक है।

थोड़ी देर बाद गीता, Zara से बोलती है - वैसे एक बात बतानी थी मैडम आपको –

"जब मैं आप के साथ यहाँ आयी थी तब मुझे इस ऑपरेशन पर रत्ती भर भी भरोसा नहीं था, लेकिन आज सुबह इन्हे यहाँ देख एक उम्मीद जगी जैसे"।

Zara: "इनका कहना सही है गीता इन्हे सिर्फ यहाँ से निकालना ही काफी नहीं, जिंदगी जीने के लिए रोटी और मकान की जरुरत होती है हम उन्हें आज़ादी दिलाकर उनकी जमीनी जरूरते नहीं छीन सकते"

गीता: जमीनी जरूरते ? पेट तो जानवर भी पाल लेता है मैडम, इतने सालो से नौकरी में हु बहुत दुनिया देखी है, आज तक एक भिखारी को आत्महत्या करते हुए नहीं देखा लेकिन अमीरो की लटकी बॉडी को पंखो से उतारी है, कायरता को मज़बूरी का नकाब देना उचित नहीं।

गलत चुनाव करना पाप नहीं है लेकिन खुद को तकलीफ देते हुए उस चुनाव को ढोते रहना पाप जरूर है।

Zara, कोई जवाब नहीं देती।

थोड़ी देर बाद Zara, गीता से बोलती है - मरने के बाद इस शरीर के साथ क्या होगा इस बात की चिंता भी जायज है गीता।

गीता: और मरने के पहले? अगर चिंता करनी है तो आज की करो अभी की करो - आप आज को सवारों, कल आपको सवार लेगा।

शाम 4 बजे गीता और Zara लॉज से थाने के लिए निकलते है।

गीता: पास में ही एक ATM है वहा से होकर चलते है मुझे थोड़े पैसे निकलने है।

Zara: ठीक है ।

दोनों *ATM* के पास पहुंचते है जहा उन्हें राखी नजर आती है एक घुंगराले बालो वाली लड़की के साथ (वो लड़की करीब 25 साल के आप पास है उसकी कद औसत है, रंग गोरा है और देखने से ऐसा लगता है की वो काफी सुलझी हुई है) जो राखी को कैश डिपाजिट करना सीखा रही थी ।

कैश डिपाजिट करने के बाद राखी *ATM* के सामने से हट जाती है ।

और एक दूसरी लड़की जो पहले से लाइन में थी वो *ATM* के सामने आजाती है और फिर वही घुंगराले बालो वाली लड़की उस लड़की को भी कैश डिपाजिट करना सिखाती है ।

ये सब *Zara* ध्यान से देख रही थी की तभी राखी उसे आवाज देती है - अरे दीदी आप यहाँ ?

Zara: हाँ वो गीता को पैसे निकलने थे ।

राखी: मुझे भी पैसे जमा करने थे एक *RD* अकाउंट खोला है जिसमे हर महीने पैसे जमा करती हु ।

Zara: किस लिए ?

तभी घुंगराले बालो वाली लड़की वहा आती है और बोलती है "भविष्य के लिए"

राखी, उस लड़की का परिचय *Zara* से कराती है - दीदी ये अंजलि है, इसी ने हमें पैसे जमा करने को बताया ।

अंजलि: नमस्ते दीदी ।

Zara: तुम्हे ये राब किसने बताया ?

अंजलि: *I am MBA graduate in Finance.*

अंजलि की बात सुन *Zara* थोड़ी अचम्भित हो जाती है ।

Zara: मुझे तो लगा था आप लोग भविष्य के बारे में सोचते ही नहीं

अंजलि: सोचते है, बस यकीं नहीं है की वो सच होंगे - एक दिन ।

Zara: इतनी पढ़ी लिखी होकर यहाँ कैसे फस गयी ?

अंजलि: जिससे प्यार किया उसने धोखा दिया, शादी के बहाने यहां लाकर छोड़ दिया ।

तभी वहां गीता आजाती है ।

गीता: चले मैडम ?

Zara: हाँ।

Zara, अंजलि और राखी से विदा लेती है।

गीता अपनी स्कूटी पार्किंग से निकालती है। स्टेशन पहुंचकर, *Zara* सूरज से मिलती है।

सूरज, *Zara* से: गीता ने बताया की आप वापस जाना चाहती है।

Zara: हां।

सूरज: आज रात आप लॉज में रुक सकती है, कल सुबह चेकआउट करके आप स्टेशन आकर कुछ पेपर्स साइन करके जा सकती है ताकि हम आपकी पुलिस प्रोटेक्शन ख़त्म कर सके।

Zara: शुक्रिया, मुझे वहा तक पहुंचने में मदद करने के लिए, अगर मैं वहा नहीं जाती तो मुझे पता नहीं चलता की लोगो का दर्द, मेरे दर्द से भी बड़ा है।

सूरज: मुस्कराते हुए - शायद यही जिंदगी है।

CHAPTER 7 – BREAK IN THE CLOUD

थोड़ी ही देर में *Zara* और गीता लॉज वापस पहुंचते है जहा दरवाजे पर राखी पहले से ही उनका इंतजार कर रही थी।

उन्हें देख राखी बोलती है - दीदी मुझे आपको कुछ बताना है।

गीता: चलो पहले अंदर चलते है, (दोनों कमरे के अंदर प्रवेश करते है)

राखी: *J.J.* नाम का एक दलाल है, आज शाम तीन बच्चियों को कोठे पर लेकर आया है।

Zara, गीता की तरफ देखकर: पुलिस रेड डाल कर उन्हें वहा से बचा सकती है।

गीता: हमें रेड आर्डर लेना होगा कोर्ट से, मैं सूरज सर को फ़ोन करती हु।

गीता सूरज को फ़ोन करके सारी बातें बताती है, सूरज गीता को साबुत जुटाने को बोलता है।

Zara: राखी, क्या तुम उन बच्चो के पास जाकर एक वीडियो बना सकती हो, तुम मेरा फ़ोन लेलो।

राखी घबराकर गीता की तरफ देखती है।

गीता: वीडियो रिकॉर्डिंग करने आती है तुम्हे ?

राखी: नहीं, मैं तो फ़ोन भी नहीं चला पाती दीदी।

Zara: वो जो दूसरी लड़की थी अंजलि, वो कर लेगी।

राखी: आपलोग *ATM* के पास वाले मंदिर पे चलो, मैं अंजलि को लेकर वही थोड़ी देर में आती हु।

राखी के बताये अनुसार *Zara* और गीता, मंदिर पहुँचती है जहा थोड़ी देर बाद राखी और अंजलि भी आते है।

अंजलि: दीदी, मुझे राखी ने पूरी बात बताई है।

Zara: अगर हमें फुटेज मिल जाये तो पुलिस रेड डालकर उन बच्चो को छुड़ा सकती है, तुम मेरा फ़ोन इस्तेमाल कर सकती हो।

अंजलि: ठीक है, हम दोनों वहा जाकर रिकॉर्डिंग कर आपको फुटेज भेज देंगे, मेरे पास एक फ़ोन है आप मेरा नंबर लेलो और *what's app* पे एक मैसेज भेज देना और इतना कहकर अंजलि और राखी वहा से चली जाती है, वो दोनों उस कमरे के पास पहुँचती है जहा तीन बच्चिया है।

राखी, अंजलि से बोलती है - मैं गार्ड को बातो में उलझती हु तुम तब तक प्रसाद देने के बहाने बच्चो की रिकॉर्डिंग कर लेना।

अंजलि वैसा ही करती है, फिर दोनों थोड़ी ही देर में फुटेज लेकर वहां से निकल जाती है, अंजलि *Zara* को *what's app* पर फुटेज भेजती है, *Zara* वो फुटेज सूरज को फॉरवर्ड करती है।

सूरज: कल सुबह कोर्ट खुलते ही हम आर्डर लेकर, रेड डालेंगे।

Zara: ठीक है।

सूरज: कल सुबह आप स्टेशन आजाना, मैं आपको किसी से मिलाना चाहता हु।

अगले दिन सुबह जैसे ही *Zara* और गीता स्टेशन जाने के लिए निकलते है अंजलि उनके लॉज पर आती है।

अंजलि: दीदी आज सुबह उन बच्चो को *J.J.* कही लेकर गया, मैंने गार्ड से पूछताछ की तो पता चला की आज और कल वो उन्हें कही और रखेगा और परसो वापस लेकर आएगा क्लाइंट से डील करने के लिए।

Zara: उसने फिर आज उन बच्चो को वहा से हटाया क्यों ?

अंजलि: पता नहीं।

Zara: हमें ये बात सूरज सर को बतानी चाहिए।

गीता और *Zara* स्टेशन पहुंचते है, गीता, सूरज को सारी बाते बताती है।

सूरज: हमने कोर्ट से आर्डर लेलिए है, परसो तक का इंतजार कर लेते है फिर जब बच्चे वहा आ जाये तो हम रेड डालेंगे।

तभी सूरज के केबिन में एक सफ़ेद बालो वाली उम्रदराज महिला दस्तक देती है।

सूरज उनका परिचय *Zara* से कराते है।

सूरज: इनका नाम किरन है ये एक एन जी ओ चलाती है, रेस्क्यू होने के बाद बच्चो को ये उनके परिवार वालो के हवाले कर देती है, कोर्ट ने इन्हे ही ये काम सौपा है।

किरन: सूरज ने मुझे बताया आपलोगो के ऑपरेशन के बारे में, आप लोग एक नेक काम कर रही है।

Zara: शुक्रिया और आप भी।

किरन: मेरा एन जी ओ पास ही में है अगर तुम फ्री हो तो मेरे साथ आ सकती हो।

Zara: जरूर।

किरन के साथ *Zara* उनके एन जी ओ पहुँचती है जहा ढेर सारे बच्चे खेल रहे थे। *Zara* के चेहरे पर एक अलग सी मुस्कान थी उन्हें देख कर, उसे शायद अपना बचपन याद आगया।

थोड़ी देर बाद गीता और *Zara* लॉज वापस आजाते है।

शाम को *Zara* और गीता लॉज के पास वाले रेस्टॉरेंट पहुंचते है।

डिनर कर जब वो वापस निकलते है तो उन्हें वहां राखी एक छोटे बच्चे के साथ (जिसकी उम्र १०-११ साल के आस पास होगी, जिसने सफ़ेद शर्ट और नीली हाफ पेंट पहनी है ऐसा लगता है की ये किसी स्कूल की यूनिफार्म है) नजर आती है जो रेस्टॉरेंट के मालिक से झगड़ रही है।

राखी: जब मैंने तुझे बोला की इसे खाना दे दिया कर और पैसे मुझसे ले लिया कर तो फिर तू इसे खाना देने से मना क्यों करता है ?

गीता, राखी की बाते सुनकर रेस्टॉरेंट के मालिक से पूछती है "क्यों तुम इस बच्चे के साथ ऐसा करते हो" ?

मालिक: इसका बाप मेरे दुकान पर आकर तमाशा करता है की मैंने उसके बेटे को खाना देने के लिए इस ओरत से पैसे लिए।

ये सुनकर राखी की आँखों में आंसू आगये, वो आगे कुछ नहीं बोलती है

Zara, राखी से: कौन है ये बच्चा ?

राखी: इसका नाम गोलू है, कुछ महीनो पहले इसकी माँ चल बसी, वो अक्सर यहाँ मंदिर पे गोलू के साथ आती थी पूजा करने, मेरी कभी कभार बाते भी हो जाया करती थी उससे।

उसके जाने के बाद अक्सर गोलू मंदिर पे आकर बैठ जाता था,

कोई भी कुछ देता वो खा लेता था इसलिए मैंने इस दुकान वाले को बोला था की पैसे मुझसे ले लिया करे और इसे खाने को कुछ दे दिया करे क्यूंकि इसका बाप इसका ध्यान नहीं रखता, लेकिन इसके बाप को तो ये भी मंजूर नहीं।

तभी गोलू, राखी से बोलता है - अब मैं घर चलता हु, अगर पापा ने मुझे यहाँ देखा तो मारेंगे और फिर इतना बोलकर गोलू वहा से चला जाता है।

Zara और गीता भी लॉज वापस आजाते है।

गीता: *Zara* मैडम, कल रविवार है तो इसलिए मैं सुबह घर के लिए निकल जाउंगी और शाम को वापस आजाऊंगी।

Zara: ठीक है, फिर मैं भी सुबह एन जी ओ चली जाऊंगी।

गीता: ठीक है।

Zara: मैं किरन जी से भी बात कर लेती हु, फिर वो किरन को फ़ोन लगाती है।

अगली सुबह गीता और *Zara* तैयार होकर लॉज से निकलते है।

गीता, *Zara* से: मैडम मैं सोच रही थी मंदिर जाकर प्रसाद चढ़ा देती हु माँ के लिए।

फिर दोनों मंदिर परिसर पहुंचते है जहा उन्हें राखी नजर आती है।

Zara, राखी से: तुम यहाँ ?

राखी: पूजा करने करने आयी थी दीदी, आप कहा जा रही है?

Zara: वो किरन जी के पास जा रही थी, उन्होंने एक एड्रेस दिया था एक फाइल कलेक्ट करने के लिए उसी एड्रेस पे जा रही थी।

और *Zara* वो एड्रेस राखी को बताती है।

Zara: तुम्हे पता है की कैसे जायेंगे इस एड्रेस पर, गीता अपने घर जा रही है और मैंने उसे परेशान नहीं करना चाहती।

राखी: हां दीदी, यहाँ से कुछ किलोमीटर की दुरी पर ही है, बड़ी बिल्डिंग है मैं जानती हु उस बिल्डिंग को, मैं आपके साथ चलती हु।

Zara: शुक्रिया।

फिर दोनों किरन के दिए हुए एड्रेस पर पहुंचते है, जो की एक आलीशान बिल्डिंग है।

घर का दरवाजा एक महिला खोलती है जिसे *Zara* अपना परिचय देती है, उन्हें ड्राइंग रूम में बैठा कर वो महिला अपनी मालकिन को बुलाने चली जाती है। थोड़ी देर बाद एक महिला (छोटी कद

और गोरा रंग) वहा आती है जिनका नाम सीमा है जोकि किरन के एन जी ओ की ट्रस्टी है, *Zara* उन्हें अपने आने का कारन बताती है ।

Zara: Your NGO is doing a great job ma'am.

Seema: Thank you.

सीमा एक नौकर को बुलाकर किसी फाइल को लाने को बोलती है ।

राखी, सीमा को देखकर मुस्कराती है और बोलती है –

"दीदी मैं आपको जानती हु आप पिछले साल हमारे यहाँ आयी थी ना कम्बल बाटने" ।

सीमा: कौन हो तुम?

राखी: मेरा नाम राखी है मैं यही पास में *जी बी* रोड पर रहती हु ।

सीमा: क्या तुम *सेक्स वर्कर* हो?

राखी: हां ।

सीमा, *Zara* की तरफ देखकर बोलती है – *"how can you bring a sex worker to my home?"*

Zara, राखी की ओर देखकर उससे बाहर इंतजार करने को बोलती है ।

Zara to Seema: Why, what is wrong with her?

Seema: They sell themselves, they are filthy and not allowed in my home.

Zara: Then why did you help them?

सीमा, *Zara* की ओर फाइल बढ़ाकर – *"get the file and leave"*

Zara: I will answer to your question first.

"Yes, they do sell themselves because they been forced into this profession at the first place"

They are not filty, atleast they admit their deeds, they aren't hypocrite.

And last it is strange that she is not allowed in your home but welcomed in a temple where God lives.

You can ask someone else to drop the file to NGO, I do not work for you.

इतना कह कर *Zara* वहा से एन जी ओ के लिए निकल जाती है।एन जी ओ पहुंचकर वो किरन को सारी बाते बताती है।

किरन: समाज की सोच ऐसी ही है *Zara*।

किरन की बात पर *Zara* कोई प्रतिक्रिया नहीं देती और पूरा दिन एन जी ओ में बिताने के बाद शाम को लॉज की तरफ वापस निकल पड़ती है।

लॉज के पास के रेस्टॉरेंट पहुंचकर *Zara* अपने लिए कुछ खाने को आर्डर करती है की तभी उसे वहा गोलू नजर आता है, *Zara* उसे अपने पास बुलाकर उसके लिए भी खाना आर्डर करती है।

खाना खाने के बाद *Zara*, गोलू से पूछती है क्या तुम्हारे पापा घर पर है?

गोलू: हां काम से वापस आने वाले होंगे।

Zara: क्या तुम मुझे अपने पापा से मिलाने ले चलोगे?

गोलू: हां।

फिर वो दोनों गोलू के घर पहुंचते है जहा गोलू का पिता - मुन्ना घर के दरवाजे पर चारपाई बिछाकर बैठा है *Zara:* क्या तुम इसके पिता हो

मुन्ना: हां, क्यों क्या हुआ ?

Zara: राखी से क्या दिक्कत है तुम्हे ?

मुन्ना: वो धंधा करती है।

Zara: उसने खुद से ये रास्ता नहीं चुना था, उसके ही पति ने उसे बेच दिया था वहा।

वो तुम्हारे बेटे की परवाह करती है, इसे भी एक माँ की जरुरत है।

मुन्ना: परवाह करना ही काफी नहीं, मुझे नहीं चाहिए की वो मेरे बेटे से कोई मतलब रखे (और इतना कहकर गोलू का हाथ थामे मुन्ना अपने घर के अंदर चला जाता है)।

Zara, लॉज वापस आजाती है जहा गीता पहले से ही मौजूद है।

गीता: कल सुबह अंजलि को कॉल करके माहौल का जायजा लेने के बाद हमें रेड डालनी है मैडम ।

Zara: ठीक है ।

अगले दिन सुबह अंजलि से बात करने के बाद गीता, सूरज को इन्फॉर्म करती है और सूरज अपनी टीम के साथ गीता के बताये पते पर पहुंचकर सभी बच्चो को छुड़ाता है, उन बच्चो उम्र की 10-14 साल के आस पास थी । पुलिस की वैन लॉज के सामने खड़ी है और गीता बच्चो को वैन में बैठा रही।

सिंडिकेट को चलाने वाले लोग भी वही मौजूद है और तभी राखी वैन के पास आकर उसमे बैठ जाती है और पुलिस की वैन वहा से निकल जाती है, उस वैन में सरफराज और *Zara* पहले से ही मौजूद थे।

राखी, गीता से बोलती है - दीदी क्या एक बार आप गोलू के घर के सामने से होकर गुजरेंगी, मैं उससे आखिरी बार मिलना चाहती हु ।

गीता: ठीक है ।

वैन, गोलू के घर के सामने रुकती है लेकिन गोलू के घर में ताला लगा हुआ था, किसी ने पूछने पर बताया की आज सुबह ही मुन्ना और गोलू अपने गांव चले गए हमेशा के लिए ।

राखी उदास मन से वैन में वापस बैठ जाती है, *Zara* उसे सांत्वना देती है । थोड़ी ही देर में वैन पुलिस स्टेशन पहुँचती है जहा किरन जी, मेडिकल नर्स के साथ पहले से ही उनका इंतजार कर रही थी ।

स्टेशन में सभी बच्चो का मेडिकल एग्जाम होने के बाद एक - एक कर स्टेटमेंट रिकॉर्ड होते है ।

उनमे से एक बच्ची जो परीब 11 साल की थी, जिसका नाम रीना है वेटिंग एरिया में बैठी थी, उसके बाल बिखरे थे और वो खिड़की के शीशे में खुद को देख अपने हाथो से बालो को सही करने की कोशिश कर रही थी । राखी ने उसे ऐसा करते देखा और इशारे से अपने पास बुलाया और पर्स से एक छोटी कंघी निकल कर उसके बाल झाड़े, अपने बालो को खिड़की के शीशे में देख रीना, राखी की ओर देख मुस्करायी ।

राखी: तुम्हारे गर्दन पे ये चोट का निशान कैसे ?

रीना ने कोई जवाब नहीं दिया और तभी किरन वहा आ गयी और रीना को स्टेटमेंट रिकॉर्ड करने के लिए लेकर चली गयी ।

थोड़ी देर बाद *Zara* वहा आयी और राखी से बोली, सूरज सर ने बोला है की हम अब जा सकते है । किरन जी बच्चो के परिवार वालो को सूचित कर देंगी ।

राखी: मैं कैसे आपका शुक्रिया अदा करू दीदी ?

Zara: मदद तो तुमने मेरी की है राखी ।

Zara: कहा जाओगी तुम वैसे ?

राखी: कानपूर, दीदी रहती है मेरी वहा ।

तभी किरन सभी बच्चो के साथ वहा आजाती है ।

किरन: दो बच्चे तो घर जाने के लिए तैयार है लेकिन बस ये बच्ची है रीना जो तैयार नहीं ।

Zara: क्या हुआ बेटा तुम्हे घर नहीं जाना ?

रीना: नहीं, मेरी सौतेली माँ मुझे बहुत मारती है और पापा भी कुछ नहीं बोलते, मैंने सब कुछ कैमरे में बोल दिया ।

Zara, किरन से: क्या आप इसे बाकि बच्चो के साथ *अनाथ आश्रम* में रख लेंगी ?

इससे पहले की किरन जी कुछ बोल पाती रीना, राखी के पास जाकर उसका हाथ पकड़कर बोलती है "मुझे इनके साथ रहना है" और फिर रीना, राखी की ओर देखकर पूछती है क्या मैं आपके साथ रह सकती हु ?

राखी, किरन और *Zara* की तरफ देखती है ।

किरन: ऐसा नहीं होता है बेटा, हम तुम्हे तुम्हारे घर वालों के अलावा किसी और के साथ नहीं भेज सकते ।

रीना - मैं बहुत छोटी थी जब मेरी मम्मी भगवान जी के घर चली गयी फिर छोटी मम्मी आयी उन्होंने आज तक कभी मेरे बालो में कंघा नहीं किया और ये ऑन्टी तो मुझे जानती भी नहीं फिर भी उन्होंने अपने कंघे से मेरे बालो को सवारा…

किरन - राखी से: मैं बाकि के दोनों बच्चो को उनके घर पंहुचा दूंगी । क्या तुम रीना को गोद लेने के लिए तैयार हो ?

राखी की आँखों में आँसू थे ।

राखी, रीना की तरफ देखकर: हां ।

Zara: तुम एक अच्छी माँ बनोगी राखी।

राखी: मैंने गोलू को जन्म नहीं दिया था लेकिन गोलू ने मेरे अंदर की माँ को जरूर जन्म दिया था।

Zara: और आज उसी ममता ने तुम्हे रीना के प्यार से मिलाया।

किरन जी से विदा लेकर *Zara*, राखी और रीना के साथ रेलवे स्टेशन की तरफ निकल पड़ती है।

Zara: अगर दामिनी जैसे लोगो के पास अपना घर होता तो शायद वो लोग भी उस नर्क से निकल पाते न ?

राखी: हा दीदी।

Zara: डैड भी शायद अपनी जगह सही थे।

राखी: आप यहाँ से घर जाएँगी दीदी ?

Zara: हाँ, पहले मुंबई, दादी और बुआ को अलविदा कहने और फिर *USA,* कल रात की फ्लाइट है।

तुम्हे पता है अगर मेरी फ्लाइट कैंसिल नहीं होती तो मैं पिछले हफ्ते ही चली गयी होती।

राखी: और तब शायद मैं और रीना आज आज़ाद न होते।

राखी की इस बात से *Zara* को धक्का सा लगता है।

तभी टैक्सी ड्राइवर रेलवे स्टेशन की गेट पर पहुँचता है।

स्टेशन पहुंचकर राखी कानपूर का टिकट खरीदती है।

Zara, प्लेटफॉर्म के पास खड़े एक वेंडर के पास जाकर एक गुड़िया खरीदती है और उसे रीना को देती है।

रीना, *Zara* को गले लगाकर बोलती है - "एक दिन बड़े होकर मैं भी आप जैसी बनूँगी"।

तभी प्लेटफॉर्म पर अनाउंसमेंट होती है।

राखी: चलती हु दीदी, मेरी ट्रेन आने वाली है, आप अपना ख्याल रखना।

और फिर वो दोनों वहा से चली जाती है, *Zara* वही पड़ी एक बेंच पर बैठ जाती है।

तभी *Zara* के पास खड़े वेंडर के पास एक विदेशी यात्री (लम्बा कद, दुबला शरीर और गोरा रंग) कंधे पर बैग टाँगे आता है और लोहे की एक चैन की तरफ देखकर वेंडर से पूछता है - *How much is for one chain?*

Vendor: Two hundred Rupees.

Zara: (उस वेंडर की तरफ देख कर बोलती है) मुझे तो 100 बोला था।

वेंडर: मैडम इन अंग्रज़ो ने हमें लूटा है।

Zara: ये अमेरिकन है और स्टूडेंट है।

और तभी *Zara* का ध्यान उस यात्री के कंधे पर टंगे बैग पर पड़ती है।

Zara: Are you from B&T?

Foreigner: Yes.

Zara: I am from B&M.

Foreigner: I have friends from B&M.

Zara: Good to know (with smile).

Zara, वेंडर को देख कर बोलती है - "अथिति देवो भाव"।

वेंडर विदेशी यात्री से: *Hundred Rupees for One.*

Foreigner: Thanks.

और फिर चैन लेकर वो विदेशी यात्री वहा से चला जाता है।

राखी की बात *Zara* के दिमाग में जैसे छप सी गयी थी।

Zara: अगर मैं इंडिया नहीं आती तो शायद ज़िन्दगी भर माँ और डैड को कोसती रहती की उन्होंने सिर्फ अपने बारे में सोचा।

अगर डैड के जाने के बाद मैं स्लम और ऑफिस नहीं गयी होती तो मुझे जिंदगी भर यही लगता की डैड *Ambitious* और *Money minded* थे।

अगर मैं उस गलत ट्रेन में नहीं चढ़ती तो शायद जया, राखी और मासूम बच्चे अपने घर तक नहीं पहुंच पाते।

और इसी के साथ *Zara* अपनी जगह से उठकर स्टेशन के बाहर एक ट्रैवेल एजेंट की दुकान पर पहुँचती है और अपनी फ्लाइट की टिकट को कैंसिल कराती है

ट्रैवेल एजेंट की दुकान से बाहर निकल कर जैसे ही *Zara* रेलवे स्टेशन की तरफ मुड़ती है उसे वहां वही विदेशी यात्री नजर आता है जिससे थोड़ी देर पहले वो मिली थी, उस यात्री के साथ एक नीली आँखों वाली लड़की भी थी जिसे देख *Zara* अच्मभित होगयी, उसके मुँह से निकला "विक्की" और फिर वो लड़की जो उस विदेशी यात्री से बात कर रही थी, *Zara* की तरफ मुड़ती है और उत्सुकता से बोलती है *"Zara"* वो लड़की विक्की, *Zara* की क्लासमेट है।

Zara, विक्की की तरफ बढ़ती है।

Zara: "I don't believe that you are here".

तभी मैट (लम्बा कद और गोरा रंग) वहां आता है जो ट्रेन की टिकट खरीदने गया था, मैट भी *Zara* का क्लासमेट है।

Zara: Matt?

Vicky: What a surprise Zara, what are you doing here?

Zara: Long Story, and what you guys are doing here?

Matt: We are heading to Nepal.

Vicky: To climb Everest.

Zara: "Really"?

तभी विदेशी यात्री *Zara* से बोलता है – *Do you want to join us?*

Vicky: Sorry, I forgot to introduce you with Sam.

Zara, this is Sam, he is travelling with us.

Sam, this is Zara, she is my classmate.

Sam: Well, I have met her already, she saved my money by asking discount from the vendor.

Vicky: "Really"?

Sam: Yeah, that's why I am asking if she can join us, she speaks their tong which could help us.

Vicky: Yes Zara, you should come with us.

Zara: Thanks…but Its Everest you are talking about, it's not like other summits we have climbed during our summer camps.

Vicky: It's all about the mind set.

Zara: Okay but I know, it costs a fortune to climb Everest, there is no way that I can afford that.

Sam: I have an extra tracking ticket.

Zara: Tracking Ticket?

Vicky: Yes, do you remember last year our team won that college quiz, we won these tracking tickets in that quiz, Matt and I made it but unfortunately, Sam's partner couldn't make it so he got an extra ticket.

Zara: Okay, I can come then.

Vicky: Great but first we are going to Gaya-Bihar where Gautama Buddha was Enlighted.

Matt: Our train going to leave in an hour.

Vicky: So, let's eat something before getting board in.

और इसी के साथ सभी पास के रेस्टॉरेंट की तरफ बढ़ चलते है।

CHAPTER 8 – CONVERSATION WITH MONK

दिल्ली से महाबोधी एक्सप्रेस लेकर *Zara* और उसके दोस्त गया -बोधि टेम्पल के लिए निकल पड़ते है ।

अगले दिन सभी महाबोधि टेम्पल पहुंचते है जहा गाइड उन्हें उस जगह लेकर जाता है जहा सिद्धार्थ को ज्ञान की प्राप्ति हुई थी और वो महाज्ञानी बुद्धा बने थे, साथ ही बुध्दा के उन पदचिन्हो को दिखाते है जहा से खड़े होकर लगातार सात दिनों तक बुध्दा पीपल के उस बृक्ष को देखते रहे थे जिसके नीचे उन्हें ज्ञान की प्राप्ति हुई थी।

Zara, ठीक उस बोधि बृक्ष के सामने खड़ी उस बृक्ष को देखते हुए कही गुम सी हो चुकी थी ।

उस बृक्ष के पास ही कुछ मॉन्क्स गेरुए रंग के वस्त्र धारण किये हुए प्रार्थना कर रहे थे, उनमे से एक मोंक *Zara* के पास आकर खड़े हो जाते है।

थोड़ी देर बाद जब *Zara* का ध्यान टूटता है तो वो अपने सामने उस मोंक को मुस्कराते हुए पाती है।

मोंक: काफी देर से आपके चेहरे पर उभरे हुए प्रश्नों को समझने की कोशिश रहा था फिर सोचा आप से ही पूछ लू।

Zara: और क्यों समझाना चाहते है आप उन्हें ?

मोंक: ताकि उनके उत्तर ढूढ़ने में आपकी मदद कर सकू ।

Zara (मुस्कराते हुए): मंदिर में लिखे बुद्धा के कुछ विचारो को पढ़ा उन्ही के बारे में सोच रही थी ।

मोंक: आपको पता है बुद्धा ने सबसे पहले कौन सी बात बोली थी

Zara: कौन सी बात ?

मोंक:

Believe nothing, no matter where you read it or who said it, no matter if I have said it, unless it agrees with your own reason and your own common sense.

मोंक की बात सुन कर *Zara* गंभीर हो जाती है उसके होठो से मुस्कान गुम हो जाती है ।

Zara: मैंने अभी यहाँ दो कोट्स पढ़े है –

If you knew what I know about the power of giving you would not let a single meal pass without sharing it in some way.

Thousands of candles can be lit from a single candle, and the life of the candle will not be shortened. Happiness never decreases by being shared.

Zara: मेरे डैड ने पूरी ज़िन्दगी दुसरो के लिए काम किया, खुद जलकर दुसरो को ठण्ड से बचाया, खुद का बैंक अकाउंट खाली कर दुसरो के घर बनाये ।

उन्होंने दुसरो को सिर्फ दिया कभी किसी से कुछ मांगा नहीं और अंत में वो अकेले रह गए और इस दुनिया से गए भारी कर्ज के साथ ।

तो फिर ये सारी बाते उनके लिए सच्ची कैसे हुई

Where is the power of giving

Zara की बात सुनकर मॉन्क मुस्कराकर बोलते है ।

मोंक: अपने कहा की आपके पिता कर्ज के साथ इस दुनिया से गए

क्या आप मुझे बताएंगी की वो कितना धन इस दुनिया से ले गए सारे एसेट्स जोड़कर बताईगा ।

Zara: कुछ नहीं लेकिन वो कर्ज हमारे सिर पर छोड़ कर गए ।

मोंक: आपको नहीं पता की वो आपके सिर क्या छोड़ कर गए ।

इस दुनिया में कोई भी किसी एक के आर्थिक लेन देन की वसूली किसी दूसरे से नहीं कर सकता ।

Zara: बिज़नेस में ऐसा नहीं होता ।

मोंक: हर जगह ऐसा ही होता है।

मोंक: वैसे बिज़नेस का अर्थ क्या है ...आपके हिसाब से ?

Zara: अपनी बेसिक नीड्स को पूरा करने के लिए इंसान किसी काम को चुनता है खुद को इन्वेस्ट करता है - उस काम से जुड़े रिस्क, प्रॉफिट और लॉस सब कुछ उसी के होते है।

मोंक - चलिए इन्वेस्टमेंट, प्रॉफिट और लॉस को इस तरह से देखते है -

माना की आज आप अपने पिता के बिज़नेस को मैनेज कर रही है - कल उस पद पर कोई और था और आने वाले वक़्त में कोई और होगा

Zara: - मान लिया।

मोंक - आपके पिता ने जो कुछ बनाया आप उसे अगले पड़ाव तक ले जाने की कोशिश करेंगी और फिर सब कुछ किसी और को सौप देंगी फिर वो व्यक्ति भी वही करेगा और इस तरह से ये चक्र चलता रहेगा और मैं जहा से देख रहा हु तो ये सिर्फ संचय है इसमें इन्वेस्टमेंट / प्रॉफिट कहा है - अपने क्या कमाया इस बिज़नेस से ?

Zara: प्रॉफिट...

मोंक: चलिए मैं आपको एक घटना के बारे में बताता हु।

किसी देश में एक व्यापारी रहता था जिसके दो बेटे थे अपने जीवन के अंतिम दिनों में उसने अपने बिज़नेस को दोनों बेटो में बराबर बाट कर उस व्यापारी ने इस दुनिया से विदा ले लिया।

उसके बड़े बेटे ने उसके व्यापार को आगे बढ़ाया - पैसे जमाए - आलीशान घर बनाया, नाम कमाया।

वही छोटे बेटे ने भी व्यापार को आगे बढ़ाया - पैसे कमाए और उन पैसो को बीमार लोगो के इलाज में लगाया।

मरने के बाद जब दोनों भाई ईश्वर के घर गए तो बड़े बेटे ने पिता से बोला "पिताजी मैंने आपके व्यापार को नयी बुलंदियों तक पहुंचाया आज हमारा नाम देश विदेश तक है"

पिता उसके पास गए और मुस्कुरा कर बोले मुझे गर्व है की तुम मेरे बेटे हो

वही छोटा बेटा चुपचाप एक कोने में खड़ा था और पिता ने उसके पास जाकर उसे सीने से लगाया और बोला - बेटा तुम्हारे कर्मों की वजह से मुझे और मेरे पितरो को स्वर्ग मिला - मैं तुम्हारा आभारी हु।

तो अब आप मुझे बताये वास्तव में प्रॉफिट उस बिज़नेस से किसने कमाया था।

Zara, कोई जवाब नहीं देती।

मोंक: मैं वापस से अपने प्रश्न पर आना चाहूंगा।

जब आपके पिता इस दुनिया से कोई धन लेकर गए ही नहीं तो फिर वो पैसो के कर्जदार कैसे हुए ?

हमारी समस्या ये है की हम इस मायावी दुनिया में मौजूद हमारे बही खाते को ही सब कुछ मान लेते है उस खाते में जिसके पास धन है वो आमिर और नहीं है तो गरीब।

जबकि हमारा असली बही खाता तो ईश्वर के बैंक में है जहा हमारे कर्मो की पूंजी जमा है जो की हमारे अगले जन्म में हमारे साथ आएगी।

और वो पूजी हम इस कर्मभूमि पर ही कमाते है।

हमारे द्वारा किया हुआ हर एक काम, हर एक चुनाव हमारे कर्म का निर्माता है चाहे वो हर सुबह बिस्तर छोड़ने का निर्णय हो या एक बच्चे को जन्म देने का निर्णय।

हमारी सोच, हमारे चुनाव और हमारे काम ही हमारे कर्म है और इनका निर्वाहन ही कर्ज है और वास्तव में इस संसार में ऐसा कोई व्यक्ति नहीं जो इस कर्ज के साथ विदा नहीं लेता, कितना भी समेटो इसका कोई न कोई कोना रह ही जाता है, कोई न कोई कर्तव्य, जिम्मेदारी या इच्छा रह ही जाती है जो दुबारा इस मृत्युलोक में जन्म लेकर पूरा करने का प्रलोभन या निमत्रण देती है।

और अगर ऐसा न हो तो हमें मोक्ष की प्राप्ति हो जाएगी और फिर आत्मा जीवनचक्र से मुक्त हो जाएगी और अगर संसारी की हर एक आत्मा जीवन चक्र से मुक्त होगयी तो फिर संसार में जीवन समाप्त हो जायेगा और आखिरकार संसार समाप्त हो जायेगा इसलिए जो जैसा है उसे वैसे ही स्वीकारे यही परम सत्य और सुख है।

Zara: तो क्या आप मोक्ष नहीं चाहते?

मोंक: क्या हमें हर बार वही मिलता है जो हम चाहते है या वो मिलता है जो हमारे लिए जरुरी है ?

Zara: पता नहीं ?

मोंक: आपका दूसरा सवाल - आपके पिता अंत में अकेले रह गए।

मैं ये बात आपको याद दिलाना चाहता हु की इस संसार में सभी अकेले आये है और जाना भी अकेले ही है।

बस इस सफर में हमें कुछ साथी मिल जाते है, जो अलग अलग रूपों में होते है – माँ - बाप, भाई - बहिन, पति - पत्नी, बच्चे, दोस्त, लेकिन हर एक का अपना अलग सफर है। कुछ समय के लिए वो हमारे साथ हो सकते है लेकिन कभी न कभी तो हमें रास्ते बदलने होते है।

एक रास्ते को ़ख़त्म कर दूसरे की शुरुआत करनी होती है ताकि हम अपने मंजिल तक पहुंच सके और अपने जीवन के उद्देश्य को पूरा कर सके।

जैसे बुद्धा ने अपने वैवाहिक जीवन को ़ख़त्म कर साध्विक जीवन की शुरुआत की ताकि अपने जीवन के उद्देश्य की पूर्ति कर सके वैसे ही आपके पिता ने भी अपना चुनाव किया।

Every Ending is a new Beginning and that's why this Passage is Eternal.

Zara: डैड से आखिरी बार बाते करते वक़्त एक दर्द महसूस किया था मैंने उनकी आवाज में।

मोंक: जैसा की मैंने कहा ये पीड़ा और इच्छा ही हमें इस जीवनचक्र से बांधे रखती है, मोक्ष तो परे है इस सारी चीजों से।

क्या आपको इस बात का ज्ञान है की वो अपनी जिंदगी में खुश थे ?

Zara: नहीं, मुझे नहीं पता।

Zara: शुक्रिया मेरे प्रश्नो के उत्तर देने के लिए।

मोंक: (मुस्कराकर) क्या वास्तव में सिर्फ यही आपके प्रश्न थे? क्या अब कोई शिकायत नहीं है आपको?

Zara के चहरे की तनी हुई नसे ढीली पड़ जाती है।

Zara: जब मैं छोटी थी तो डैड इंडिया शिफ्ट हो गये, अपने बिज़नेस के लिए, शुरू शुरू में कुछ साल तो सब ठीक था लेकिन फिर सब कुछ बदल गया।

जब 12 साल की थी तो डैड का हाथ खींचकर उन्हें मंदिर लेकर जाती थी। हम वहा मथ्था टेकते थे और परिक्रमा करते थे।

फिर मेरे माता पिता अलग हो गये, मुझे माँ के साथ रहना पड़ा।

मैं हर रोज डैड को मिस करती थी, रोती थी, तब ईश्वर ने कुछ नहीं किया। मैंने दिन रात मेहनत कर पढ़ाई की ताकि जल्द से जल्द जॉब पाकर डैड को सपोर्ट कर सकू उनके साथ रह सकू वो भी मेरे साथ

रहना चाहते थे, फिर एक दिन मुझे वो सब मिला - पढ़ाई पूरी हुई, जॉब मिली लेकिन तब तक डैड जा चुके थे ।

"ईश्वर ने मुझे सब कुछ देकर एक ही दिन में वापस छीन लिया" ।

अब इसे नाराजगी कहो या कुछ और, अब मंदिर के चौखट तक पहुंचकर भी अंदर जाने का मन नहीं करता, पूजा करने का मन नहीं करता और कुछ मांगने का मन नहीं करता ।

मोंक: बुध्दा की कही हुई एक बात मैं दोहराना चाहूंगा -

"The trouble is, you think you have time"

जो कुछ आपके माता - पिता के बीच हुआ, आपका उस पर कोई बस नहीं था लेकिन आपके पिता के बिछड़ने से लेकर उनकी मृत्यु तक कई अवसर मिले होंगे उनके साथ वक़्त बिताने के, यादे बनाने के, लेकिन आपने उन्हें गवा दिए उनके सामने शर्त रख कर की जब आप पैसे कमाने लगोगी तब पिता के साथ वक़्त बिताओगी ।

आप पिता को सपोर्ट करना चाहती थी, क्या पता आपके वक़्त निकालकर उनसे मिलने आना ही उनके लिए सबसे बड़ा सपोर्ट होता, शायद आपके पिता को सिर्फ आपके साथ की ही आवश्कता थी।

और अगर वो आपके साथ रहना चाहते थे तो वो रहेंगे, क्या पता वो आज भी आपके साथ हो बस आपको महसूस करने की जरुरत है उनकी उपस्थिति को ।

Zara: ऐसा मेरे साथ ही क्यों, इतनी मुश्किलें क्यों ?

मोंक: इस बोधि वृक्ष को देखे ।

जिस बृक्ष के नीचे सिद्धार्थ को ज्ञान प्राप्त हुआ था उसकी टहनियों को कलश में भरकर सम्राट अशोक ने अपने बच्चो के हाथो श्रीलंका भेजा बौद्ध धर्म के प्रचार के लिए, उन टहनियों को श्रीलंका में लगाया गया और उससे जन्मा बृक्ष आज भी वहा उपस्थित है ।

सम्राट अशोक की एक रानी को अशोक का बौद्ध धर्म के प्रति झुकाव पसंद नहीं था, उन्होंने उस बृक्ष को जड़ से कटवा दिया जिसके नीचे बुद्धा को ज्ञान की प्राप्ति हुई थी ।

Zara: फिर?

मोंक: इस बृक्ष ने हार नहीं मानी और फिर कुछ ही महीनो बाद एक दूसरा पौधा पनपा, लेकिन अभी भी इस बृक्ष का संघर्ष पूरा नहीं हुआ था,

इस बार एक मुग़ल शासक ने बृक्ष को कटवा कर उसके जड़ो में आग लगवा दी।

Zara: फिर?

मोंक: फिर भी इस बृक्ष ने हार नहीं मानी और फिर से कुछ ही महीनो बाद एक दूसरा पौधा पनपा, इसने दुबारा जन्म लिया उस बृक्ष की शाखा से जिसे सम्राट अशोक ने अपने बच्चो के हाथो श्रीलंका भेजा था, उस बृक्ष की टहनियों को यहाँ लाया गया और उसे रोपित किया, यात्रा चाहे किसी भी जीव की हो कठिनाइया सभी के हिस्से में होती है।

लेकिन हमारा कर्तव्य यही है की हम हार न माने जैसे इस बृक्ष ने नहीं माना और आज भी अपने उदेश्य को पूरा कर रहा है, सिद्धार्थ जैसे अनगिनत लोगो को उनके प्रश्नो को सुलझाने का मार्गदर्शन।

और इसी के साथ मॉन्क्स का समूह अपनी प्रार्थना खत्म कर अपनी जगह से उठ खड़े होते है वहा से प्रस्थान करने के लिए।

Zara: शुक्रिया।

मोंक: निर्भय भवः

(और इसी के साथ वो मोंक वहा से चले जाता है और Zara मंदिर के मुख्य द्वार की तरफ मुड़ जाती है जहा उसके सभी दोस्त उसका इंतजार कर रहे है)।

CHAPTER 9 – EVEREST

गया से सभी काठमांडू पहुंचते है और वहा से लुकला एयरपोर्ट जहा से उन्हें बेस कैंप तक का सफर तय करना है आगे एवरेस्ट की चढ़ाई के लिए।

सभी सबसे पहले नामचे बाजार पहुंचते है जहा से शेरपा का चुनाव करने और हाई एल्टिटूड में दो दिन बिताने के बाद तेंगबोचे गांव के लिए निकल पड़ते है।

पुरे दिन के सफर के बाद सभी डिंगबोचे गांव पहुंचते है और अंत में लुबचे गांव जहा समुद्र तल से 5000 मीटर की उचाई पर स्थित होने के कारन ऑक्सीजन लेवल 50% ही उपस्थित है।

ठीक तरीके से साँस न ले पाने के कारन सभी की हालत ख़राब हो चुकी थी फिर भी सभी बेस कैंप की तरफ निकल पड़ते है।

करीब दो घंटे के सफर के बाद पहली बार उन्हें एवेरेस्ट अपने सामने नजर आता है जिसे देख सबकी थकान गुम सी हो जाती है और चेहरे पर एक मुस्कान छा जाती है।

सभी एक दूसरे को चीयर करते हुए आगे बढ़ते है और आखिरकार बेस कैंप -1 तक पहुंच ही जाते है।

बेस कैंप – 1 में सभी पूरी रात बिताते है जहा बोन फायर, ड्रिंक्स और म्यूजिक के आगे सभी अपनी थकान भूल चुके थे, कितनी अजीब बात है डेविड ने ऐसी ही ग्रेजुएशन पार्टी का वादा *Zara* से किया था

Matt ने *Zara* को सैटलाइट फ़ोन दिया अपने घर कॉल करने के लिया , *Zara* ने सिन्थिआ को कॉल किया

Zara: Hey mom.

Cynthia: Where are you Zara, I was trying to reach you, are you in USA.

Zara: No, I am in Nepal. I came to climb the Everest.

Cynthia: Everest?

Zara: Yes, I am calling you from the base camp, its satellite phone.

Cynthia: How did you reach there?

Zara: I bumped into my old friends in Delhi, they asked me to join them and I couldn't say no because I always wanted to climb the Everest ever since I was kid.

Cynthia: I know honey, you told me many times after completing every summit, but honey I am scared, promise me one thing that you'll make it to summit and call me back.

Zara: To be honest, I don't know if I am going to make it because I am scared too, I saw bodies piled up here but I am going to write you a letter now because there are lots of things I want to say to you but that can't be told over the phone.

Cynthia: You are going to make it Zara I know, just believe in yourself, it is normal to be scared but think about thousands of people who have made it, so will you.

Zara: Thanks mom….

Cynthia: Good Luck honey… I will wait for your call and letter….

Zara: Sure Mom. (Zara Hangs up the call)

बेस कैंप – *1* में सभी पूरी रात आराम करने के बाद सभी अगले दिन तड़के सुबह बेस कैंप – *2* के लिए रवाना हो जाते है।

Zara का बैच इस सीजन का आखिरी बैच है समिट से लौट कर आने वाले लोगो की संख्या ज्यादा थी क्यूंकि एवरेस्ट पर जाने में लिए अनुकूल मौसम अब धीरे धीरे ख़त्म होने लगा है और इसलिए इनका टारगेट है की आगे बिना टाइम बर्बाद किये एवरेस्ट की चढ़ाई पूरी कर जल्द ही वापस बेस कैंप लौट आने की है।

अपने मिशन को ध्यान में रखकर सभी कई दिनों की कड़ी ट्रैकिंग के बाद आखिर समिट तक पहुंच चुके थे।

Zara ने समिट पर पहुंचकर नीचे की ओर, उन रास्तो को देखा जिनसे होते हुए वो यहाँ तक पहुंची थी। उसे लगा जैसे वो रास्ते उसकी तरफ देखकर मुस्करा रहे हो, उसने अपने सर को उठाया और

आसमान की तरफ देखा जो उसे अपने काफी करीब नजर आ रहा था ऐसा लग रहा था की वो आसमान के बदलो को अपनी मुट्ठी में कैद कर सकती है। उसने अपनी आंखे बंद की और सूरज की गर्माहट और एवरेस्ट की ठंडी हवाओ को एक साथ अपने चेहरे पर महसूस किया।

आंखे खोली और अपने हाथ से ग्लव निकाल कर, हाथ को ऊपर उठाया और हवा में तैर रहे बदलो को महसूस किया।

Zara: Is it real?

और तभी एक शेरपा ने आवाज़ दी हमें अब चलना चाहिए, इसी के साथ सभी समिट से वापस उतरने लगते है।

मौसम अनुकूल न होने के कारन सभी बीच बीच में रुक कर नीचे उतरकर बेस कैंप – 4 तक पहुंचने की रणनीति बनाते है।

करीब 4 घंटो के सफर के बाद एक शेरपा ने ये नोटिस किया की *Zara* की चाल बदल रही है, शेरपा उसके पास जाकर उसकी आँखों को देखता है और उसके सर से कैप हटाता है तो उसे *Zara* का सुजा हुआ सर दिखाई देता।

ये देख शेरपा बोलता है – *Cerebral Edema.*

ये एक ऐसी बीमारी है जिसमे दिमाग में ऑक्सीजन की कमी के कारन फ्लूइड प्रेसर बनाने लगते है। जिसके कारन सिर में सूजन आजाती है और दिमाग काम करना बंद कर देता है।

शेरपा ने *Zara* को कंधे पर ढोने का फैसला करता है। करीब एक घंटे ढोने के बाद *Zara* का शरीर रिस्पॉन्स करना बंद कर देता है।

शेरपा उसे नीचे उतरता है, उसकी नब्ज और सांसे चेक करने के बाद उसे मारा हुआ घोषित कर देता है।

विक्की, मैट और सैम को यकीं ही नहीं हो रहा -

Zara ने किसी को ये एहसास नहीं होने दिया की वो तकलीफ में थी और अचानक वो चली गयी।

विक्की ने शेरपा से रिक्वेस्ट की - एक बार सीपीआर देकर देखते है और खुद ही *Zara* के सीने पर हाथ मारने लगी और रोते हुए बोली – *Please somebody help me.*

मैट ने उसे वहा से उठा कर शांत कराया।

शेरपा *Zara* के सामान को अपने कंधे पर उठाता है, कुछ प्रार्थना करता है और सभी से बोलता है ।

रात होने वाली है हमें चलना चाहिए और फिर सभी वहा से बेस कैंप की तरफ निकल पड़ते है।

रात के करीब 11 बजे सभी बेस कैंप में बैठे थे ।

विक्की - अब तक *Zara* की बॉडी तो पूरी तरह से जम चुकी होगी

तभी वहा पास बैठी नेविगेटर टेलिस्कोप से समिट की तरफ देखकर बोलती है ।

आज कुछ अलग सा है, मैंने ऊपर इतने बादल कभी नहीं देखे ।

Zara के बॉडी के आस पास बदलो की चादर बिछी हुई थी जिसने उसके शरीर को जमने से बचा रखा है।

और अब *Zara* ने इस दुनिया का सफर छोड़ दूसरी दुनिया का सफर शुरू कर दिया है।

CHAPTER 10 – THE OTHER SIDE

सूरज के किरणों की धीमी रौशनी के बीच, धीरे-धीरे *Zara* ने अपनी आंखे खोली, पेड़ के पत्तो के बीच नीला आकाश उसे साफ नजर आ रहा था।

वो अपनी जगह से उठ खड़ी हुई और आस पास नजरे दौड़ाई, ये बोधि टेम्पल की वही जगह है जहा उसकी मुलाकात उस मोंक से हुई थी।

वहा से थोड़ी ही दूर उसे एक व्यक्ति - सफ़ेद पजामा और कुर्ते में जिसके कंधे पर हलके पिले रंग की साल है नजर आता है जो टेम्पल के अंदर बुद्धा की प्रतिमा को ध्यान से देख रहा था।

Zara उसके करीब पहुँचती है, वह व्यक्ति *Zara* की तरफ मुड़ता है,

जिसे देख उसके मुँह से आवाज़ निकलती है - *"Dad"*.

ऋषि को देख *Zara* के चेहरे पर ख़ुशी की एक लहर दौड़ चुकी थी।

Rishi: "Come Zara, walk with me."

Zara अपने कदम ऋषि की तरफ बढाती है।

Zara: I missed you dad and am sorry, I had chances to be with you, but I choose to go to summer camps instead.

Rishi: मैं इस बात से इंकार नहीं करूँगा की मैं तुम्हारे साथ वक़्त बिताना चाहता था लेकिन तुम कितनी उत्सुक थी कैंप के लिए, मैं कैसे अपनी टीनएज बेटी से उसकी ख़ुशी छीन लेता जो उसे कैंप जाने से मिल रही थी जहा वो कैंपिंग और हाईकिंग करने वाली थी, नए दोस्त बनाने वाली थी, मैं कैसे उन एक्सपेरिएंसेस को तुमसे छीन सकता था, मैं खुश था तुम्हारी ख़ुशी में इस लिए तुम पछतावा महसूस मत करो।

Zara: पता है डैड उस मोंक ने मुझे बोला था "निर्भय भवः"

जैसे की उसे पता चल चूका हो की मैं डर रही हु, मुझे बहुत डर लगता है डैड, कभी कभी खुद पर भरोशा नहीं रहता।

ऋषि: इस दुनिया में हर एक इंसान कुछ तत्वों के साथ पैदा होता है जैसे भाग्य, साहस, धैर्य, आत्मसंदेह, डर इत्यादि.......

लेकिन

किसी भी व्यक्ति के व्यक्तित्व का निर्माण या उसका अस्तित्व इस बात पर निर्भर करता है की वो इनमे से किस तत्व का इस्तेमाल सबसे ज्यादा करता है अपनी जिंदगी में

हर एक तत्व का महत्तव है, अगर उन्हें सही जगह इस्तेमाल करे तो

वो तुम्हारा साहस ही था जिसने तुम्हे उस जगह पहुंचाया जहा दुनिया की सबसे ऊंची छोटी एवरेस्ट तुम्हारे कदमो के नीचे थी, तुम्हारा साहस एवरेस्ट से भी बड़ा है।

इसलिए जिंदगी में तुम्हे अगर डर लगे या आत्मसंदेह हो तुम खुद से पूछना की तुम्हे क्या सच में इन तत्वों की जरुरत है अगर नहीं तो

साहस को ढूढ़ना और जब वो न मिले तो आस्था रखना अपने ईश्वर के ऊपर, खुद के ऊपर, अपनी किस्मत और कर्मो के ऊपर

तब साहस मिलेगा और सफलता भी ......

Zara: डैड, क्या आप खुश थे ?

ऋषि: उस रेड लाइट से जब बच्चो को निकलकर, पुलिस की वैन में बैठे हुए देखा तो क्या तुम्हे ख़ुशी महसूस हुई।

Zara: हां डैड।

ऋषि: मैं भी जब उन लोगो के घर बनाता था जिन्हे घर की सख्त जरुरत थी, जिन्होंने अपनी आधी जिंदगी रोड के किनारे पाइप्स में बैठकर गुजार दी थी, तो मुझे भी ख़ुशी होती थी, मैं खुश था,

क्योंकि .....

Zara: क्योंकि क्या डैड?

और फिर ऋषि दिवार पर लिखी एक पक्ति की तरफ इशारा करता है जिसे *Zara* पढ़ती है, जिसमे लिखा है -

"Your work is to discover your work and then with all your heart to give yourself to it"

ऋषि: मैंने उस काम को ढूंढा जिसके लिए मैं बना था और तुम्हे भी वही करना है और इसी के साथ ऋषि सामने देखता है ।

ये इस्तांबुल की वही गली है जिसमे नन्ही *Zara* खरगोश का पीछा करते हुए पहुंची थी ।

नन्ही *Zara*, ऋषि और *Zara* के सामने खड़ी है और उसके सामने वही पप्पी खड़ा है ।

ये वही सपना है जिसे *Zara* ने ऋषि के मृत्यु वाले दिन देखी थी

Zara: क्या मतलब है डैड इस सपने का ?

ऋषि: ये सपना तुम्हारा है *Zara*

Zara: तो इसलिए मुझे इसका मतलब मालूम होना चाहिए

ऋषि: नहीं

ऋषि: ये हमारे बस में नहीं की हम क्या सपने देखते है

Zara: बिलकुल

ऋषि:- ये सपना तुम्हारा है इसलिए चुनाव तुम्हारे होंगे और उसके मायने तुम्हारे द्वारा निर्धारित किये जायेंगे

Zara: मैं कैसे चुन सकती हु डैड, मेरा सफर तो ख़त्म हो चूका है, मेरा शरीर एवरेस्ट पर छूट चूका है।

ऋषि: मेरे शरीर छोड़ने के बाद मुझे इस बात का ज्ञान कराया की -

हमारी जिंदगी एक यूनिक प्रश्न पत्र है जिसपर एक समय सीमा निर्धारित है ।

हम सभी एग्जामिनेशन हॉल में बैठे उन प्रतिभागियों की तरह है जिन्हे उनका प्रश्न पत्र मिल चूका है और सभी को अपने अपने समय सीमा के भीतर उन्हें हल करना है ।

अब यहाँ कुछ स्थितियां बन जाती है -

1. जैसे कुछ व्यक्ति समय से पहले अपना प्रश्न पत्र हल कर लेते है और समय सीमा का आदर करते हुए उसके ख़त्म होने का इंतजार करते है और फिर सही वक़्त आने पर

विदा ले लेते है - जैसे समय से अपनी सारी जिम्मेदारियां पूरी करने के बाद व्यक्ति रिटायरमेंट की जिंदगी जीता है, टीवी देखता है, पार्क जाता है और फिर सही वक्त आने पर विदा ले लेता है ।

2.   कुछ लोग प्रश्न पत्र ख़त्म होने के बाद इंतजार नहीं करते और एग्जामिनर को उत्तर तालिका सौपकर एग्जामिनेशन हॉल छोड़ने का आग्रह करते है ।

3.   कुछ लोगो को उनके प्रश्न पत्र पसंद नहीं आते और वे बीच में ही उन्हें छोड़कर चले जाते है।

4.   कुछ लोगो के प्रश्न पत्र मुश्किल होते है और वे पुरे भी नहीं हो पाते लेकिन उन्हें बीच में ही छोड़कर जाना होता है क्यूंकि उनकी समय सीमा पूरी हो चुकी है ।

5.   लेकिन उन में से कुछ लोग ऐसे होते है जिनके प्रश्न पत्र कठिन भी होते है और वे साहस के साथ उन्हें हल भी कर रहे होते है । लेकिन बीच में वे रुक जाते है, थकान की वजह से हेड डाउन करके एक नींद में चले जाते है, अभी न तो उनके प्रश्न हल हुए और न तो समय सीमा पूरी हुई है उस स्थिति में एग्जामिनर उन्हें दुबारा मौका देता है वापस आने का, दुबारा प्रयास करने का ।

अब बस सब कुछ इस बात पर निर्भर करता है की वो एक्सामिन कितनी जल्दी खुद को उस नींद से जगा पाता है ।

Zara: Because the clock is still running……

ऋषि: मैं अपनी समय सीमा और प्रश्न पत्र दोनों पूरी कर चुका हु, मै एग्जामिनेशन हॉल के दूसरी ओर खड़ा हु और तुम दूसरी ओर ।

तुम्हारे पास विकल्प है वापस जाकर फिर से प्रयास करने का, अब बारी तुम्हारी है, चुनना तुम्हे है ।

और इसी के साथ *Zara,* नन्ही *Zara* की तरफ देखती है, *Zara* के चहरे पर एक निश्चिंतता थी ।

नन्ही *Zara* उस खरगोश की तरफ देखती है और वापस मुड़कर उस पप्पी की तरफ बढ़ती है और उसे गोद में उठाकर चली जाती है ।

ऋषि: *I am proud of you Zara.*

ऋषि: अब मेरी बारी है "दूसरे एग्जामिनेशन हॉल की तरफ प्रस्थान करना होगा, किसी माँ के गर्भ में पल रहे अजन्मे बच्चे के हृदय की धड़कन बनाना होगा "

अब मुझे जाना होगा, लेकिन इस बार जा रहा हु एक सुकून के साथ की तुम्हे अपना मकसद मिल गया और एक उम्मीद के साथ की शायद हम फिर मिले इस अंतहीन यात्रा में, शायद तुम्हारी पसंदीदा चिड़िया के रूप में फिर जैसा मैंने वादा किया था, हम पूरी दुनिया देखेंगे, खुले आसमान में उड़ेंगे बेफिक्र होकर!

Zara: (चेहरे पर एक मुस्कान के साथ) अलविदा डैड !

और इसी के साथ ऋषि का मुस्कराता चेहरा *Zara* की नजरो से ओझल हो जाता है और धुंध के बादल उसके और ऋषि के बीच छा जाते है।

एवरेस्ट पर *Zara* अपनी आंखे खोलती है, अपनी जगह से उठकर एक गहरी सांस भरती है और बेस कैंप की तरफ निकल पड़ती है।

करीब एक घंटे के सफर के बाद उसे दूर से ही बेस कैंप नजर आता है, हिम्मत कर वो आगे बढ़ने की कोशिश करती है लेकिन थोड़ी दूर पहुंचने के बाद उसके कदम लड़खड़ाने लगते है और वो वही गिर जाती है।

जब *Zara* की आंखे खुलती है तो वो खुद को बेस कैंप में पाती है जहा विक्की उसके बगल में बैठी है।

Zara: How did I reach here?

Vicky: Sandy informed us, she saw you through the telescope.

Vicky: We thought that we lost you.

Zara: I was lost before.

सभी बेस कैंप से निकल कर दिल्ली एयरपोर्ट पहुंचते है जहा *Zara*, विक्की को दो लेटर देती है अपनी माँ - सिंथिया और प्रोफेसर ली के नाम की, उन तक पहुंचाने के लिए और फिर सभी से विदा लेकर *Zara* वहा से मुंबई के लिए निकल पड़ती है।

CHAPTER 11 – RETURN

रात के करीब दो बजे घर पहुंच कर *Zara* दरवाजे की घंटी बजाती है, थोड़ी देर बाद दरवाजा काजल खोलती है, *Zara,* काजल को गले लगाती है , शायद ये पहली था जब उसने काजल को गले लगाया था।

काजल: बेटा तुम ठीक हो ?

Zara: हा ।

और तभी उसकी नजर सामने खड़ी दादी पर पड़ती है, वो उन्हें भी गले लगाती है ।

दादी - हम लोग आज शाम ही हरिद्वार से वापस लौटे है बेटा, ऋषि की अस्थि विसर्जन से ताकि उसे मुक्ति मिल जाये ।

Zara: अपने सही किया दादी ।

अगले दिन सुबह उठकर *Zara* ऋषि के ऑफिस जाने के लिए घर से निकलती है ।

काजल: बेटा, पिछले हफ्ते शक्ति जी का फ़ोन आया था , उन्होंने बताया कंपनी की हालत ख़राब है और अब उसे बंद करना ही बेहतर होगा, एक बार उनसे मिल लो फिर जैसा तुम फैसला लो हम सब तुम्हारे साथ है,

Zara: ठीक है ।

और ये कह कर *Zara* उस साइट पर पहुँचती है जहा प्रोजेक्ट चल रहा है, वहा उसे गेट पर ताला लगा पड़ा नजर आता है, आस पास कोई मौजूद नहीं है, वो वहा से सीधे ऑफिस आ जाती है जहा उसे शक्ति अपने क्यूबिकल में मिलते है ।

Zara: मैं साइट पर गयी थी अंकल, वहा कोई नहीं था और ताला लगा हुआ था ।

शक्ति : पिछले हफ्ते खान कंस्ट्रक्शन ने साइट इंस्पेक्शन किया और साइट सील कर दी ।

Zara: मतलब ?

शक्ति : हमें नोटिस भेजा की हम वहा काम नहीं कर सकते ।

Zara: क्यों ?

शक्ति : पिछले दो हफ़्तों से कोई प्रोग्रेस नहीं थी ।

Zara: क्यों ?

शक्ति : हमारे पास मटेरियल नहीं है, मार्किट में कोई भी एजेंसी हमें मटेरियल नहीं देगी सबका बकाया है, पिछले तीन महीने से वर्कर को सैलरी नहीं मिली, अधो ने तो साहब के जाने के बाद काम करने से मना कर दिया और आधे रोज सैलरी मांगने आते है ।

Zara: साइट पर मैंने कन्स्ट्रक्शन मटेरियल देखी थी ।

शक्ति: खान कन्स्ट्रक्शन वालो के है, कल ही अनलोड कराया है उन्होंने, जल्द ही उनकी टीम काम शुरू करने वाली है ।

Zara: ठीक है अंकल, क्या आज हमारे वर्कर्स आएंगे ।

शक्ति : हां , आते तो रोज है ।

Zara: ठीक है जब वे लोग आये तो मुझे कॉल करना, आपके पास खान के ऑफिस का पता है ?

शक्ति : हां ,

Zara: आप मुझे उनका पता दे, मैं थोड़ी देर में ऑफिस वापस आती हु और इतना कहकर वो वहा से चली गयी ।

Zara, खान के ऑफिस पहुंचकर रिसेप्शन पर खान से मिलने की रिक्वेस्ट करती है, थोड़ी देर इंतजार के बाद रिसेप्शनिस्ट उसे खान के ऑफिस ले आती है ।

खान: कहिये क्यों मिलाना चाहती थी आप मुझसे ?

Zara: पहले तो मैं आपको ये इन्फॉर्म करना चाहूंगी की कुछ जरुरी काम की वजह से मैं शहर में नहीं थी और कल ही वापस लौटी हु, मुझे पता चला की आपने साइट सील कर दिया पिछले हफ्ते ।

खान: हमने इंस्पेक्शन किया और पाया की कोई प्रोग्रेस नहीं थी काम में, आपके पास न तो मटेरियल है और न ही मैनपावर, आप किसी भी सूरत में इस प्रोजेक्ट को कम्पलीट नहीं कर सकती तो अपना टाइम बर्बाद न करते हुए मैंने कमान अपने हाथो में लेली।

Zara: ये प्रोजेक्ट आपका है और इस प्रोजेक्ट के लिए आपकी चिंता भी जायज़ है। मैं बस ये कहना चाहती हु की जब आप ने इस प्रोजेक्ट को हमें सौपी थी तब आपने हम पर भरोसा किया था, डैड ने उसे निभाया भी आखिरी वक़्त तक उन्होंने काम किया।

खान: मैं इस बात का सम्मान करता हु लेकिन बिज़नेस इमोशंस से नहीं चलते, मैंने आपकी कंपनी को नोटिस भेज दी है।

Zara: बिज़नेस इंसानो से चलते है और इंसान इमोशन से और अगर नोटिस की बात करे तो अपने पुअर प्रोग्रेस के बेसिस पे साइट सील की अगर मैंने नोटिस भेजी तो मेरे पास भी पॉइंट्स है।

जैसे की प्रोजेक्ट की डेडलाइन अभी पूरी नहीं हुई, हमने प्रोजेक्ट ऑफिशियली हैंडओवर नहीं किया, आपने बीच में ही आकर हमारे काम को रोका जिससे हमें मानसिक तनाव और अवरोधन झेलनी पड़ी

लेकिन मैं ऐसा नहीं करूँगी क्यूंकि मुझे अपनी एनर्जी लड़ने में बर्बाद नहीं करनी। डैड की कंपनी को मेरी जरुरत है और मैं इसकी मदद करना चाहती हु और इसलिए मैं आपसे एक चांस मांग रही हु, इस प्रोजेक्ट को पूरा करने के लिए।

थोड़ी देर सोचने के बाद खान अपने ड्रॉ से एक चाभी निकलकर *Zara* की तरफ बढ़ाते है।

खान: आपके पास एक महीने का टाइम है।

Zara: मैं आप से एक और रिक्वेस्ट करना चाहती हु।

खान: कहिये ?

Zara: आपने कंस्ट्रक्शन मटेरियल अनलोड किये है साइट पर, सच कहु तो हमारे पास उनकी कमी है तो अगर आप उन्हें मुझे इस्तेमाल करने दे और हमारे पेमेंट से उनकी वैल्यू डेडक्ट कर ले, तो हमारे लिए राहत की बात होगी।

खान: ठीक है।

Zara: शुक्रिया।

और इसी के साथ *Zara* ऑफिस पहुँचती है, शक्ति उसे बताते है की वर्कर्स आचुके है।

उनसे मिलने वो हॉल में पहुँचती है जहा सभी वर्कर्स मौजूद है।

Zara: मुझे पता है आप सभी मुझसे और डैड से नाराज है, आप सभी ने काफी लम्बा समय दिया है इस कंपनी को। और आज मैं आपसे आपकी लाइफ का सिर्फ दो मिनट मांग रही हु अपनी डैड की

आत्मा की शांति के लिए नहीं बल्कि इस कंपनी के लिए। क्या आप सभी एक बार याद करेंगे, अपनी जिंदगी के सभी कीमती पल, पहला मोबाइल, पहली गाड़ी, अपना घर और सबसे कीमती परिवार के साथ करने वाला हर रात का डिनर, ये सब कुछ इतने सालो तक आपको इस कंपनी ने दिए और आज इसे आपकी जरुरत है, मैं आपसे कुछ छुपाना नहीं चाहती लेकिन खान का प्रोजेक्ट ही एकलौता प्रोजेक्ट है हमारे पास और बस एक महीना है इसे पूरा करने में, शायद वो एक महीना इस प्रोजेक्ट का और इस कंपनी का आखिरी एक महीना हो, इस प्रोजेक्ट से जो भी पैसे मिलेंगे वो टाइम लाइन पूरी होने के बाद ही मिलेंगे और तब ही मैं आप लोगो को पेमेंट दे पाऊँगी,

मैं इस कंपनी और इस प्रोजेक्ट को बीच रास्ते नहीं छोड़ सकती और अगर आप मेरा साथ देना चाहते है तो मैं जा रही हु साइट पर आप सभी का इंतजार करूँगी, बस नीचे खड़ी है आगे डिसिशन आपका है (और इतना कहकर *Zara* साइट की तरफ निकल पड़ती है)

थोड़ी ही देर बाद उसे एक बस दिखाई देती है जो आकर साइट गेट पर खड़ी होती है और सभी वर्कर्स उसमे से निकलते है। शक्ति, *Zara* का परिचय एक इंजीनियर से कराते है जिसका नाम विजय है।

Zara: मैंने खान से बात की है हम उनका मटेरियल इस्तेमाल कर सकते है।

विजय: सबसे ज्यादा समय स्लैब में लगने वाली है, चार स्लैब अभी भी बाकि है और हमारे पास टाइम भी सिर्फ चार हफ्तों का है। स्लैब की कास्टिंग तो खान के मैटेरियल्स से हो जाएगी लेकिन फिट आउट का क्या करेंगे ? उसके मटेरियल बहुत महंगे आएंगे और उसका काम हमें जल्द से जल्द शुरू करना होगा। *Zara,* विजय से: आप स्लैब की कास्टिंग शुरू कीजिये, मटेरियल का मैं देखती हु। (और इसी के साथ सभी काम पर लग जाते है)।

साइट पर मटेरियल डिलीवरी का वादा कर *Zara* ऑफिस आजाती है, वो इस सोच में डूबी ही थी की तभी उसके मोबाइल पर एक मैसेज आता है, वो मैसेज प्रोफेसर ली की थी, उन्हें वो लेटर मिल चूका था जिसे उसने विक्की के हाथो उनके लिए भेजा था, प्रोफेसर ली ने अपने मैसेज में लिखा था।

"मुझे तुम्हारा लेटर मिला - तुम्हारे पिता के बारे में जानकर दुःख हुआ, ईश्वर उन्हें शांति दे"।

अच्छा लगा की तुमने मुझे लिखा, अपनी स्थिति बताई और इसी नाते आज दो बाते मैं तुमसे कहना चाहूंगा।

"पहली बात तो ये की अच्छा होता अगर तुम्हारे जैसी होनहार स्टूडेंट मेरे रिसर्च प्रोजेक्ट पर काम करती और मुझे मालूम है की एक दिन तुम भी एक उम्दा प्रोफेसर बनती लेकिन जो फैसला तुमने लिया वो बेहतर है,"

1. *"ईश्वर ने पंख हर एक को दिए है बस हमें जरुरत है तो उनपर ताकत लगाकर उड़ान भरने की और फिर हमारे यही पंख हमें वहा लेकर जायेंगे जहा हमें होना चाहिए और पंख से मेरा तात्पर्य अवसर से है, जीवन में आने वाला हर एक अवसर जो तुम्हारे जीवन को बेहतर बना सके उन्हें तुम कभी व्यर्थ मत जाने देना"*

और दूसरी बात

2. *"जीवन में हर बार ऐसा नहीं होता जैसा हम चाहते है बल्कि वैसा होता है जैसा हमारे ईश्वर चाहते है, क्यूंकि हमारा लक्ष्य हमारे जीवन को बेहतर बनाना है जबकि ईश्वर का लक्ष्य हमें बेहतर बनाने का है "*

मैं तुम्हे ढेर सारी शुभकामनाये देता हु तुम्हारे आने वाले कल के लिए।

प्रोफेसर ली के सन्देश ने *Zara* को भावुक कर दिया था, वो खुद को सम्बंधित कर पा रही थी उनकी बातो से की कैसे एक इंसान के रूप में बदलाव आये थे पिछले कुछ दिनों में उसकी जिंदगी में।

Zara अपने फ़ोन में पुरानी तश्वीरो को देखती है।

तश्वीरे - समिट की, बोधि टेम्पल की, अनाथ आश्रम की और तभी उसे एक क्लिप नजर आती है।

ये वही क्लिप थी जिसे अंजलि ने उसे भेजी थी बच्चो को छुड़ाने के लिए, उसे अंजलि की याद आती है।

वो अंजलि को *What's App* पर चेक करती है जहा उसका लास्ट सीन तीन दिन पहले की थी।

उसने अंजलि को एक मैसेज किया और घर के लिए निकल पड़ी।

CHAPTER 12 – WORD OF SILENCE

देर रात तक नींद न आने के कारण *Zara* लिविंग रूम में आकर बैठ गयी उसे काजल के कमरे से रौशनी आते दिखी तो उसने उसके कमरे के दरवाजे पर दस्तक की, दरवाजा खुला हुआ था काजल और दादी बालकनी में बैठे हुए थे।

Zara को देख दोनों के चेहरों पर एक मुस्कान सी आगयी।

Zara: आपलोग सोये नहीं ?

काजल: पूरा दिन तो सोते ही है बेटा।

दादी: काम भी क्या है ?

काजल: शक्ति जी से बात हुई बेटा?

Zara: हां बुआ, मेरी क्लाइंट से भी बात हुई उसने प्रोजेक्ट कम्पलीट करने को बोला है।

काजल: चलो अच्छी बात है।

दादी: कैसे करोगी बेटा, ऋषि का बिज़नेस तो लॉस में है ?

काजल: किस्मत की बात है माँ, ईमानदार लोग लॉस में और जिनके पास ईमान नहीं है वो पैसे बना रहे है।

दादी: जाने दो बेटा क्यों पुरानी बाते सोचती हो।

Zara: किसकी बाते हो रही है दादी ?

दादी: अर्जुन की।

Zara: बुआ के पति ?

दादी: हां।

Zara: क्या हुआ था, कभी मुझे किसी ने कुछ बताया नहीं ?

काजल: शायद मैं उन्हें पहचान नहीं पायी, कॉलेज से आर्किटेक्ट की पढ़ाई पूरी करने के बाद नौकरी लग गयी, वो मेरे साथ ही काम करते थे, फिर नजदीकियां बड़ी और उन्होंने शादी के लिए पूछा और शादी हो गयी

शादी में बाद उन्होंने बिज़नेस शुरू किया, मुझे भी बोला ज्वाइन करने के लिए, मैंने दिन रात मेहनत की, आइडियाज मेरे होते थे और क्रेडिट उन्हें मिलता था, जैसे जैसे बिज़नेस बढ़ने लगा, हमारी दूरिया भी बढ़ने लगी और आज एक शहर में होकर भी बहुत दूर है।

Zara: आपसे अलग होने के बाद उन्होंने कभी बात करने की कोशिश की ?

दादी: एक बार की थी।

Zara: फिर ?

काजल: मैंने मना कर दिया।

Zara: क्यों ?

काजल: मैं तैयार नहीं थी वापस से उस दुनिया में जाने के लिए जिसे बहुत मुश्किल से छोड़कर आयी थी।

दादी: उसने भी तो उसके बाद कभी कोशिश नहीं की, ऋषि का समाचार भी भेजा था शक्ति से, न तो फ़ोन किया और न ही मिलने आया, ऐसे लोगो से क्या उम्मीद करे बेटा ?

काजल: जाने दीजिये माँ, ईश्वर को सब पता है।

Zara, अगले दिन सुबह उठकर ऑफिस के लिए निकलती है, ऑफिस पहुंचकर शक्ति मे काजल के पति अर्जुन का एड्रेस लेकर अर्जुन के ऑफिस पहुँचती है, अर्जुन का ऑफिस, ऋषि के ऑफिस की तरह नहीं है, यहाँ ढेर सारे कर्मचारी है और ऑफिस भी कभी उम्दा सजाया है, देख कर ही लग रहा है की किसी बड़े आर्किटेक्ट का ऑफिस है।

Zara, रिसेप्शन पर अर्जुन से मिलने का अनुरोध करती है, रिसेप्शनिस्ट अर्जुन से कन्फर्म कर उसे इंतजार करने को बोलती है।

करीब 10 मिनट बाद कुछ लोग मीटिंग रूम से निकलते है और एक व्यक्ति (लम्बी कद, दुबला शरीर और आँखों में चशमा लगाए) उसके पास आ कर बोलता है - "Zara"?

Zara सर उठकर उसे देखती है और बोलती है - हां।

वह व्यक्ति बोलता है - पिछली बार जब तुम्हे देखा था तो तुम एक छोटी बच्ची थी।

Zara: अर्जुन अंकल ?

अर्जुन: हां (एक मुस्कराहट के साथ), आ जाओ मीटिंग रूम में चलकर बाते करते है। (और अर्जुन एक मीटिंग रूम में प्रवेश करते है)

अर्जुन: कॉफ़ी ?

Zara: नहीं शुक्रिया।

अर्जुन: भाईसाहब का सुनकर दुःख हुआ, ईश्वर उन्हें शांति दे।

Zara: आपने फ़ोन तक नहीं किया।

अर्जुन: मुझे दो दिन बाद शक्ति जी ने फ़ोन करके बताया उस वक़्त मैं तमिलनाडु में था एक क्लाइंट का घर डिज़ाइन कर रहा था, अगले दिन की फ्लाइट लेकर आया, घर पंहुचा तो वहा ताला लगा पड़ा था सभी हरिद्वार गए थे।

Zara: ये बात अपने किसी को बताई ?

अर्जुन: नहीं, क्या बताता और किसे, जिसे बताना चाहता हु वो सुनना नहीं चाहती।

Zara: इतने सालो में अपने कोशिश क्यों नहीं की, सुलह की।

अर्जुन: इतने सालो में काजल ने एक फ़ोन तक नहीं किया, त्यौहार तो छोडो - सालगिरह यहाँ तक की जन्मदिन पर भी एक मैसेज तक नहीं किया -"इतना गुरुर" ?

Zara: या इतनी तकलीफ, मैंने आज तक उन्हें कभी मुस्कराते हुए नहीं देखा।

Zara: खैर, क्या आज शाम को आप फ्री है ?

अर्जुन: हां, ऑफिस के बाद सीधा घर ही जाता हु।

Zara: क्या आप आज शाम डिनर पर आ सकते है ?

अर्जुन: क्या तुम श्योर हो ?

Zara: हां।

अर्जुन: ठीक है।

Zara: चलती हु, मिलते है शाम को) और इतना कहकर वह वहा से चली जाती है)

थोड़ी देर में *Zara* साइट पहुँचती है जहा काम चल रहा है, शक्ति उसे *फिट आउट की बिल ऑफ़ क्वांटिटी और वेंडर लिस्ट* देते है जो की *फिट आउट मैटेरियल्स* सप्लाई करते है, लिस्ट लेकर *Zara,* ऑफिस पहुँचती है और एक-एक कर सभी वेंडर को फ़ोन करती है ।

सभी उससे उसकी कंपनी का नाम पूछकर कोटेशन तक भेजने से मना कर देते है, उसे कोई रास्ता नजर नहीं आ रहा, तभी उसका ध्यान घडी पर पड़ता है । शाम के डिनर की तैयारी भी करनी है इसलिए ऑफिस से निकल कर वो सब्जी मंडी की तरफ निकल पड़ती है । *Zara,* घर पहुंचकर काजल से बोलती है - बुआ आज मैंने अपने एक मेहमान को डिनर पर बुलाया है, और मार्किट से कुछ सब्जिया भी लेकर आयी हु

काजल: ठीक है बेटा, मैं खाने की तैयारी शुरू कर देती हु ।

शाम के करीब साढ़े सात ही बजे थे, दरवाजे की घंटी बजती है काजल दरवाजे की तरफ बढ़ती है की तभी *Zara* भी दरवाजे की तरफ बढ़कर दरवाजा खोलती है और बोलती है – *"Please Come".*

घर के अंदर अर्जुन प्रवेश करते है जिसे देख काजल थोड़ी सरप्राइज हो जाती है ।

अर्जुन, दादी के पास पहुंचकर उनके पैर छूते है, दादी उसे देख रोने लगती है इससे पहले काजल उनकी तरफ बढ़ती, अर्जुन, दादी को पास पड़े आर्मचेयर पर बैठाकर खुद जमीं पर बैठ जाते है और उनके हाथो को पकड़कर बोलते है - माँ, क्यों रो रही है आप, आपका दूसरा बेटा यही है, आपके सामने । (अर्जुन की बात सुन दादी रोना बंद कर देती है ।) पानी का गिलास *Zara,* दादी की तरफ बढ़ाती है।

दादी - ग्लास अर्जुन की तरफ बढ़ाती है ।

अर्जुन - मैं लेता हु, पहले आप लीजिये और फिर दोनों आपस में बाते करने लगते है (थोड़ी देर बाद)।

Zara - चलिए अंकल, खाना लग गया है ।

सभी टेबल पर पहुंचते है और डिनर शुरू करते है ।

डिनर ख़त्म कर काजल किचन में आजाती है । *Zara,* टेबल साफ करने लगाती है ।

दादी - अर्जुन से - चलो बेटा मैं तुम्हे बालकनी से दिखाती हु जो ऋषि ने घर बनाये थे, *Zara,* तुम भी आजाओ बेटा, *Zara* भी उनके साथ बालकनी की तरफ बढ़ जाती है ।

Zara थोड़ी देर बाद काजल से आकर बोलती है – बुआ, दादी का चश्मा किधर है?

काजल - उनके बेड के पास वाली टेबल पर है।

Zara - मुझे नहीं मिल रही, आप देकर आजाओ और फिर इतना कहकर वह अपने कमरे में चली जाती है।

काजल चश्मा ढूढ़ती है लेकिन उसे नहीं मिलता तो वो बालकनी की तरफ मुड़ती है जहा अर्जुन कुर्सी पर अकेले बैठे थे।

काजल: माँ को चश्मा चाहिए था माँ किधर है?

अर्जुन: *Zara* के साथ।

काजल: आपके लिए कॉफ़ी बना दू, वैसे आइस क्रीम है फ्रीज में।

अर्जुन: मुझे सुगर है, अब नहीं खाता आइस क्रीम।

काजल: शुगर कब हुआ?

अर्जुन कोई जवाब नहीं देता।

काजल: और ब्लड प्रेशर?

अर्जुन: हाई है।

काजल वही पास पड़ी कुर्सी पर बैठ जाती है (दोनों दूर स्लम की तरफ देखते है, करीब दस मिनट तक शांत रहने के बाद)

काजल: आपने बताया क्यों नहीं अपनी तबियत के बारे में?

अर्जुन: मैं ठीक हु।

काजल: भैया भी यही बोलते थे और एक दिन.....

अर्जुन: तो इसमें नया क्या है, आपने भी तो यही किया, कभी कुछ बोला नहीं और एक दिन मुझे छोड़कर मेरी जिंदगी से चली गयी।

काजल: अगर आप मेरी ख़ामोशी नहीं समझ सके तो मेरे शब्द क्या समझते?

अर्जुन: आपने समझा मेरी ख़ामोशी को, इतने सालो में?

काजल ने कोई जवाब नहीं दिया।

अर्जुन: नहीं ना, क्यूंकि बताना जरुरी होता है, बेजुबान जानवर भी खुद को एक्सप्रेस करता है जब वो तकलीफ में होता है ।

काजल: आपको सिर्फ अपने बिज़नेस की पड़ी थी, वही सब कुछ था आपके लिए, मैं भी आपके लिए सिर्फ एक बिज़नेस रिसोर्स ही थी ।

अर्जुन: आप मेरे लिए मेरे बिज़नेस का सोर्स नहीं थी बल्कि बिज़नेस को करने की वजह थी ।

पिछले आठ सालो से आप यहाँ है, कितने प्रोजेक्ट्स किये आपने, आपके तो घर का ही बिज़नेस था, फिर भी अपने एक भी प्रोजेक्ट नहीं किया क्यूंकि मुझे पता है आपके अंदर टैलेंट है लेकिन महत्वकांछा नहीं,

मैं नहीं चाहता था की आप अपना टैलेंट बर्बाद करे घर बैठकर या किसी कंपनी में काम करके जहा आपके काम को नाम न मिले ।

“मैं आपके काम से इम्प्रेस नहीं था बल्कि प्राउड था।"

आपके लिए मैंने बिज़नेस की शुरुआत की थी, हमारे भविष्य के लिए ।

काजल के आँखों में अंशु थे ।

अर्जुन अपने पॉकेट से एक रुमाल निकालकर काजल की तरफ बढ़ाता है ।

रुमाल काजल अपने हाथ में थाम लेती है ।

अर्जुन - आपको कुछ कहना है?

काजल - नहीं ।

अर्जुन - चलता हु, आप अपना ख्याल रखना ।

बालकनी से निकलकर जैसे ही अर्जुन हॉल में पहुँचते है उन्हें वहा *Zara* और दादी नजर आते है ।

दादी - जो हुआ उसे भूलकर आगे बढ़ो बेटा ।

Zara: Everyone deserves a second chance.

अर्जुन उनकी बात पर कोई प्रतिक्रिया नहीं देते और वहा से चले जाते है

दादी और *Zara* भी अपने - अपने कमरे में चली जाती है ।

Zara की नींद सुबह 5 बजे खुलती है तो वो कमरे से निकलकर बालकनी में आती है जहा उसे काजल कुर्सी पर बैठी नजर आती है ।

Zara: क्या आप पूरी रात यही थी बुआ?

काजल उसकी बात अनसुनी कर बोलती है - जब भैया ये स्लम प्रोजेक्ट कर रहे थे तब मैंने उन्हें सुझाव दी थी हाइब्रिड - इंडियन और वेस्टर्न टॉयलेट की, उन्होंने मना कर दिया था क्यूंकि वो बजट में नहीं था ।

लेकिन अर्जुन ने मुझे या मेरे किसी आईडिया को कभी मना नहीं किया था, वो क्लाइंट को मना लेता था उन्हें एक्सेक्यूटे करने के लिए, उसकी वजह से अपने हर एक आईडिया को सच होते देखा था मैंने।

मै उसकी कमिया निकालने में ही रह गयी कभी उसके सपोर्ट को सराह नहीं पायी ।

Zara: जिस इंसान ने आपके लिए इतना कुछ किया, आप उससे दूर क्यों है?

काजल के आँखों से आशू निकल पड़ते है "बहुत देर हो चुकी है बेटा"

Zara: मुझे नहीं लगता ।

आपको पता है बुआ, पास रहकर भी मैं माँ से दूर थी और दूर होकर भी मैं डैड के करीब क्यूं थी, क्यूंकि डैड से अलग होने के 3 साल बाद माँ ने दूसरी शादी कर ली थी लेकिन डैड ने ऐसा नहीं किया, उनके लिए शादी और फॅमिली का मतलब मैं और माँ ही थे, अगर एक बेटी अपने पिता की क़ुरबानी को समझ सकती है तो एक बीवी क्यों नहीं समझ पा रही

थोड़ी देर खामोश रहने के बाद *Zara* कुर्सी से उठकर बोलती है – *Lets go.*

काजल: कहा?

Zara: अर्जुन अंकल के घर ।

काजल: मैं ये नहीं कर पाऊँगी ।

Zara: ठीक है लेकिन उसके पहले एक बार कोशिश तो कर लो अगर न हो सके तो घर वापस आ जाना और इसी के साथ वो अपने हाथ काजल की तरफ बढ़ाती है ।

काजल उसकी तरफ देखती है

Zara: वो हर एक अवसर जो हमारी जिंदगी को बेहतर बना सके, हमें उन्हें कभी नहीं गवानी चाहिए।

काजल उसके हाथ को अपने हाथ में थाम लेती है और दोनों अर्जुन के घर की तरफ निकल पड़ते है।

अर्जुन के घर पहुंचकर काजल दरवाजे की घंटी बजाती है, दरवाजा अर्जुन खोलते है।

काजल: कल अपने मुझसे पूछा था की अगर मुझे कुछ कहना है।

अर्जुन: कहिये क्या कहना चाहती है।

काजल – *I am Sorry.*

अर्जुन दरवाजे से हट जाते है।

काजल दरवाजे से घर के अंदर आती है, पीछे मुड़कर *Zara* से कहती है - अंदर आजाओ बेटा।

Zara: किसी और दिन बुआ, दादी को भी लेकर आउंगी और इतना कहकर *Zara* वहा से चली जाती है।

घर आकर वो दादी को पूरी बात बताती है, दादी की ख़ुशी का ठिकाना न था।

दादी - यकीं नहीं होता कल तो जो बात असंभव लगाती थी आज वो साकार हुई, बेटा मुझे मंदिर लेकर चलो ईश्वर को धन्यवाद देना है।

Zara: जरूर।

दोनों मंदिर पहुंचकर पूजा करते है और आकर परिसर में बैठ जाते है।

दादी - अक्सर ऋषि मुझे यहाँ लेकर आता था और हर बार तुम्हारा जिक्र करता था की माँ *Zara* होती तो मंदिर की पूरी परिक्रमा। करती, माथा टेकती और गिनकर पांच बार घंटी बजाती और मैं हर बार उसी उत्साह से उसकी बाते सुनती क्यूंकि मुझे पता था की वो उन यादो को जीने की कोशिश कर रहा है।

आज जब मैं उसे मिस कर रही हु तो समझ पा रही हु की वो भी तुम्हे कितना मिस करता होगा।

Zara: शरीर मरता है दादी आत्मा नहीं, वो तो अपनी एक यात्रा पूरी कर दूसरे की तरफ बढ़ चलती है, डैड ने भी वही किया और हम भी यही करेंगे, इस यात्रा को पूरा कर दूसरी की शुरुआत।

दादी, उसकी बाते ध्यान से सुन रही थी की तभी उसके फ़ोन पर घंटी बजती है, ये एक अननोन नंबर था।

Zara, फ़ोन उठाती है तो दूसरी तरफ से आवाज आती है -हेलो दीदी मैं अंजलि आपका मैसेज देखा तो फ़ोन किया।

Zara: कैसी हो अंजलि?

अंजलि: मैं अच्छी हु दीदी और आप ?

Zara: मैं भी।

Zara: दरअसल मैंने तुम्हे एक फाइनेंसियल एडवाइस के लिए मैसेज किया था।

और फिर वो उसे पूरी बात बताती है, पूरी बात जानने के बाद -

अंजलि: आपको कितने पैसो की जरुरत है।

Zara: मैटेरियल्स 20-25 लाख रूपये के आएंगे।

अंजलि - सरकार महिला व्यापारी को 50 लाख तक का लोन देती है।

Zara: लोन मिलने में कितना वक़्त लगेगा?

अंजलि - आपको जल्द मिल जायेगा क्यूंकि आपके पिता की कंपनी रजिस्टर है।

Zara: कौन कौन से दस्तावेज की जरुरत है और क्या कोई कंडीशन है?

अंजलि - शर्त ये है की एप्लिकेंट की उम्र 21 से 50 वर्ष के बीच होनी चाहिए और वो भारत का नागरिक होना चाहिए।

Zara: यानि की मैं और दादी दोनों इसके उपयुक्त नहीं है।

अंजलि - क्या आपके घर में कोई और है ?

Zara: नहीं।

Zara: क्या कोई और तरीका नही?

अंजलि - स्टॉक डैलूट करना पड़ सकता है, मैं चेक करती हु अगर कोई और रास्ता मिले तो बताती हु।

Zara: थैंक्स अंजलि।

अंजलि - ओके दीदी अब मैं और बात नहीं कर सकती मैं फ़ोन रखती हु

Zara: ओके टेक केयर (और इतना कहकर *Zara* फ़ोन रख देती है)

दादी - कौन थी बेटा ?

Zara, दादी को अंजलि के बारे में बताती है।

दादी - हौसला रखो बेटा ईश्वर सब ठीक कर देंगे।

Zara: हां दादी।

दादी - चलो बेटा अब घर चलते है, तुम्हे भी ऑफिस जाना होगा।

Zara: आज नहीं दादी, आज आपके साथ रहना है मुझे।

दोनों मुस्कराते है और घर की तरफ निकल पड़ते है।

घर पहुंचकर *Zara,* दादी और अपने लिए पसता बनती है और दादी को परोसती है।

Zara: लगता है अब मुझे इंडियन कुसीन बनाना सिख लेना चाहिए।

दादी - जिंदगी भर तो मैंने इंडियन खाना ही खाया है बेटा, अब तुम आगे जो खिला दो खा लेंगे।

Zara, फिर दादी को अपने दिल्ली के सफर के बारे में बताती है और उन्हें एन जी ओ के बच्चो की तस्वीर भी दिखाती है।

दादी - वो सारी बच्चिया बहुत बहादुर है बेटा, वापस से जिंदगी की शुरुआत करना आसान नहीं होता।

Zara: और कितने तो ऐसे है जिन्हे वापस से शुरुआत करने का मौका ही नहीं मिला और वो आज भी मौके की तलाश में है।

तभी दरवाजे की घंटी बजती है। *Zara,* उठकर दरवाजा खोलती है तो उसे सामने काजल नजर आती है।

काजल उसे गले लगा लेती है की तभी वहा दादी आ जाती और काजल से लिपटकर रोने लगाती है। थोड़ी देर बाद दोनों शांत होते है और *Zara* उन्हें कॉफ़ी बनाकर देती है।

काजल: अर्जुन ड्राप करके ऑफिस के लिए निकल गए, मैंने सोचा अपना सामान लेकर जाऊ, ऑफिस से अर्जुन सीधा यही आएंगे मुझे लेने

Zara: अच्छा किया बुआ, मैं हेल्प करा दूंगी आपकी पैकिंग में पहले आप कुछ खा लो (और इतना कहकर वो किचन की तरफ चली जाती है, थोड़ी देर में वो सैंडविच लेकर वहा आती है और तब तक दादी ने काजल को अंजलि वाली पूरी बात बता दी थी)।

काजल: अर्जुन की बात पर मैंने विचार किया वो सही थे मेरे अंदर कोई चाहत नहीं थी अपना कुछ बनाने की, इसलिए मैं अब सोच रही थी फिर से काम शुरू करने के बारे में, मैं आर्चिटिक में जाना भी नहीं चाहती क्यूंकि अर्जुन की वही लाइन है, मैं इंटीरियर कर सकती हु।

Zara: ये तो अच्छी बात है, आप लोन के लिए उपयुक्त भी है, हम आज ही अप्लाई कर देंगे।

काजल - उसकी जरुरत नहीं पड़ेगी, अर्जुन की कंपनी में मेरे शेयर्स है मैं उनके अगेंस्ट डेब्ट ले सकती हु अर्जुन की कंपनी से।

दादी - तब तो ये बहुत अच्छी बात है तुम बोलो बेटा तो मैं बात कर लू अर्जुन से ?

काजल - ठीक है माँ।

दादी - ठीक है तो फिर शाम के खाने की तैयारी शुरू करते है फिर तुम्हारी पैकिंग भी करनी है।

ऑफिस से काम जल्द ख़त्म कर अर्जुन, काजल को लेने घर दोपहर में ही आ जाते है।

सभी साथ मिलकर लंच करते है और इसके बाद काजल, अर्जुन को अपने काम वापस शुरू करने के विचार के बारे में बताती है।

अर्जुन इस विचार पर अपनी ख़ुशी जाहिर करते है और सपोर्ट करते है

दादी और *Zara* से विदा लेकर काजल, अर्जुन के साथ अपने घर चली जाती है।

Zara के बताये अनुसार इंस्पेक्शन के लिए अगले दिन काजल साइट पर पहुँचती है और इंस्पेक्शन करने के बाद -

काजल: बेटा तुम मुझे स्कोप और *बिल ऑफ़ क्वांटिटी* ईमेल कर दो, मुझे अर्जुन ने अपने ऑफिस बुलाया है मैं वही से आज ही वेंडर्स को एप्रोच करुँगी फिर जैसे ही मटेरियल डिलीवर हो जायेंगे हम फिट आउट का काम शुरू कर सकते है।

Zara: ठीक है बुआ, मैं अभी शक्ति जी को बोलती हु वो आपको ईमेल करके अर्जुन अंकल को भी सूचित कर देंगे।

काजल: ठीक है अब मैं चलती हु और ये कहकर काजल वहा से अर्जुन के ऑफिस की तरफ निकल जाती है।

दो दिनों बाद काजल वापस साइट पर आती है जहा *Zara* पहले से ही मौजूद है।

काजल: आज मटेरियल डिलीवर होने वाले है बेटा, हमने कल ही वेंडर को एडवांस पेमेंट कर दी थी।

काजल की बात से *Zara* को जैसे राहत महसूस होती है क्यूंकि ये उसके लिए एक बहुत बड़ी चिंता का विषय था।

Zara: मैं कैसे आपका शुक्रिया अदा करू ?

काजल: बेटा, मदद तुमने हमारी की है, खैर चलो अभी ढेर सारा काम बाकि है इसलिए काम पर लग जाते है।

Zara: जरूर बुआ।

और तभी वहा मटेरियल डिलीवरी की ट्रक भी आजाती है।

सभी दिन रात मेहनत कर काम कर रहे थे की एक दिन अचानक *Zara* को एक कॉल आती है। ये कॉल किरन की थी, उन्होंने बताया की वो मुंबई में मौजूद है और उससे मिलाना चाहती है।

Zara, किरन के बताये पते पर पहुँचती है, तो उसे पता चलता है की वो एक होटल है जहा किरन के एन जी ओ की कोई सेमिनार चल रही है। *Zara*, वही रिसेप्शन पर इंतजार करने लगाती है, थोड़ी देर बाद सेमिनार हॉल से कुछ लोग निकलते है जिनके हाथो में कुछ पम्पलेट्स है।

Zara की नजर किरन पर पड़ती है जो कुछ लोगो को जिनके सेमिनार से जुड़ी कुछ पश्न थे, वे उनके जबाब दे रही थी। *Zara*, उनके पास जाकर खड़ी हो जाती है और उनकी बाते सुनाने लगती है वो किरन को डिस्टर्ब नहीं करना चाहती थी थोड़ी देर में किरन अपनी बात ख़त्म करती है और बोलती है - अब आप सभी ब्रेक के लिए प्रोसीड कीजिये, ब्रेक के बाद हम फिर से शुरू करेंगे।

और फिर किरन, *Zara* की तरफ मुड़ती है, उन्हें देख *Zara* मुस्कराती है और किरन *Zara* को गले से लगा लेती है, दोनों पास ही पड़े एक सोफे पर जाकर बैठ जाते है।

किरन: कैसी हो *Zara* ?

Zara: मैं अच्छी हु दीदी और आप ?

किरन: मैं भी, शुक्रिया यहाँ आने के लिए।

Zara: वो बच्चे कैसे है दीदी ?

किरन अपने फ़ोन पर कुछ तस्वीरें दिखाती है, ये तस्वीरें उन बच्चो (जिन्हे उन्होंने रेस्क्यू कराया था) के उनके परिवार वालो के साथ की है। उनमे से एक तश्वीर में राखी और रीना भी थे ।

Zara: राखी ?

किरन: अपनी बहन के साथ कानपूर में है, दोनों एक फैक्ट्री में काम करते है, राखी ने रीना का अड्मिशन एक स्कूल में करा दिया है, हमारी टीम हर एक बच्चे के घर गयी थी वारीफिकेशन के लिए।

Zara: इमोशनल हो चुकी थी, यकीं नहीं होता दीदी, लगता है जैसे कल की ही बात है जब पहली बार मैं राखी से लॉज पर मिली थी, कितनी निडर है वो !

तभी *Zara* को एक आवाज सुनाई देती है - और आप भी ! *Zara* मुड़कर देखती है तो उसे एक 50-55 की उम्र के लम्बी कद वाले व्यक्ति नजर आते है जो उनके पास पड़ी आर्मचेयर पर आकर बैठ जाते है

किरन: इनसे मिलो *Zara* ये है हमारे एन जी ओ के हेड - नवनीत जी ।

किरन: और नवनीत जी ये है *Zara*, आप तो मिल चुके है इनसे

नवनीत: बिलकुल !

Zara: सच में, मुझे हमारी मुलाकात याद नहीं?

नवनीत: आप मेरे घर आयी थी ।

Zara: चौक कर (कब)?

किरन: सीमा जी, नवनीत जी की पत्नी है, आप इनके घर गयी थी दिल्ली में

Zara: ओह्ह (तभी उसे याद आता है की उस दिन एक और व्यक्ति वहा मौजूद थे जो दूसरे कार्नर में बैठे पेपर पढ़ रहे थे) ।

नवनीत: वो एक अच्छी पत्नी और माँ है ।

Zara: अगर आप कहते है तो मैं मान लेती हु ।

नवनीत, *Zara* की बात सुनकर जोर से हसते है ।

नवनीत: मेरी शादी को 25 साल हो चुके लेकिन आज तक मैं अपनी पत्नी को उनके बारे में जीतनी बाते नहीं बता सका, आपने उन्हें बता दी वो भी सिर्फ चंद मिनटों की मुलाकात में .... और मुझे ऐसे ही इंसान की जरुरत है ।

Zara: मतलब?

नवनीत: हमारे मुंबई ब्रांच के प्रेजिडेंट को हमने कुछ महीनो पहले ही निकाला था और तब से हम एक योग्य उम्मीदवार ढूंढ रहे थे ।

नवनीत: मैं ये पोजीशन आपको ऑफर करना चाहता हु ।

किरन : कोई दबाव नहीं है लेकिन ये एक अवसर है । इस से जुड़कर जैसे तुमने 4 लोगो की जिंदगी बदली, आगे न जाने कितनी जिन्दगिया और बदल सकोगी ।

Zara: मेरे डैड की कंपनी.....

नवनीत: ये जॉब आप पार्ट टाइम कीजिये ।

Zara: ठीक है मैं, तैयार हु ।

नवनीत: *Welcome on board Zara.*

Zara: Thank you.

किरन: नवनीत से - आप दूसरी बात भी बता दीजिये ।

नवनीत: एक दूसरा कारन भी था आपसे मिलाने की ।

Zara: कौन सा?

नवनीत: सरकार की आश्रय योजना के बारे में सुना है ?

Zara: नहीं..

नवनीत: ये एक ऐसी योजना जिसमे सरकार बेघर लोगो को आश्रय मुहैया कराती है, हमारी एन जी ओ को भी अनाथ आश्रम बनाने के लिए अप्रूवल मिल चूका है, प्रोजेक्ट ज्यादा बड़ा नहीं है इसलिए हमने टेंडर नहीं निकाला अगर आपकी रूचि है तो.....(इससे पहले की नवनीत अपनी बात पूरी कर पाते) -

Zara: मैं तैयार हु, आपके प्रोजेक्ट लिए ।

नवनीत और किरन: शुक्रिया *Zara* !

Zara: अभी एक ऑनगोइंग प्रोजेक्ट करने के बाद मैं आपके प्रोजेक्ट को शुरू कर सकती हु।

नवनीत : हम इंतजार कर लेंगे।

Zara: ठीक है।

किरन : तुम कल सुबह यहाँ आजाओ हम साथ चलेंगे नवनीत जी तुम्हे चार्ज दे देंगे।

Zara: ठीक है, मैं कल सुबह १० बजे तक आजाती हु।

नवनीत : ठीक है हम आपका इंतजार करेंगे।

और इसी के साथ किरन और नवनीत से विदा लेकर *Zara* से वहा चली जाती है।

CHAPTER 13 – CHARITY

कुछ दिनों बाद जब एक दिन *Zara* साइट पहुँचती है तो उसे गेट के पास एक महँगी कार खड़ी नजर आती है, *Zara* को देख गार्ड उसके पास आता है।

Zara: ये कार किसकी है?

गार्ड: क्लाइंट की मैडम, आधे घंटे पहले वो यहाँ आये इंस्पेक्शन करने, मैं तब से शक्ति सर को फ़ोन लगा रहा हु।

Zara: कोई बात नहीं, आप जाइये।

और इतना कहकर *Zara* बिल्डिंग के अंदर प्रवेश करती है और सीढिया चढ़ती हुए सातवीं मजिल पर पहुँचती है जहा उसे खान अपने भाई यासिर के साथ नजर आते है।

Zara: गुड मॉर्निंग।

खान कोई जवाब नहीं देते।

Zara: क्या आपको ड्राइंग चाहिए?

खान: ड्राइंग मेरे दिमाग में छपी है।

बिल्डिंग से नीचे उतरकर खान अपनी कार के पास पहुँचते है।

Zara: कोई कमेंट?

खान: शुरू कहा से करू ये नहीं पता?

खान: लीकेज है।

Zara: कौन से फ्लोर पे?

खान: 8th, 9th और 10th फ्लोर पे, वाटरप्रूफिंग सही नहीं हुई और आपका आखिरी स्लैब भी शुरू नहीं हुआ अब तक।

Zara: मैं लीकेज ठीक करा दूंगी।

खान: आपने एक चांस मांगा था किसलिए हालात और बिगड़ने के लिए?

Zara: मैं मानती हु की मेरे काम में कमी हो सकती है लेकिन इसका मतलब ये नहीं की आप हमारी मेहनत को नेग्लेक्ट करे, सिर्फ एक इंजीनियर है हमारे पास और उसने पूरी मेहनत की इस प्रोजेक्ट को ख़त्म करने में, हमने कल रात ही आखिरी स्लैब का काम शुरू किया है।

Zara की बात सुनकर खान का भाई यासिर बोलते है।

यासिर: ये हमारी समस्या नहीं की आपके पास लोग नहीं है काम करने के लिए, आपने हमसे टाइम लाइन की बात की था जो की अगले हफ्ते पूरी होने वाली है।

Zara: हम काम समय पर कर लेंगे।

यासिर: हमें नहीं लगता।

खान: लीकेज ठीक करने में टाइम लगेगा, मैं आपको दो हफ्ते और देता हु। (*Zara* अचम्भित हो जाते है (

Zara: शुक्रिया।

खान: मैं अपने एक्सपर्ट की टीम आज भेजता हु, वो लोग इंस्पेक्ट करके आपको रिपोर्ट दे देंगे, आप रेक्टिफिकेशन पर फोकस करे, हम प्रोजेक्ट तभी स्वीकार करेंगे जब उसमे कोई कमी न हो और आपको पेमेंट भी तभी करेंगे।

Zara: ठीक है।

यासिर अभी भी आश्चर्य में है लेकिन कुछ नहीं बोलते और कार के अंदर आकर बैठ जाते है, कार मूव कर देती है और थोड़ी देर बाद यासिर, खान से पूछते है।

यासिर: भाई जब आप उन पर हैवी फाइन डाल सकते थे तो फिर क्यों आपने उन्हें एक्सटेंशन दी और क्यों टीम को वहा भेजने का वादा किया, क्यों मदद कर रहे है आप उनकी?

उन पर फाइन डाल कर एक - दो मिलियन का फायदा हो जायेगा लेकिन उनकी मदद करके उससे ज्यादा फायदा होगा।

यासिर: कैसे?

खान: जब प्रोजेक्ट हैंडओवर हो जायेगा तब बताता हु।

साइट पर थोड़ी ही देर में खान की टीम आकर अपने काम में लग जाती है, शाम को टीम का हेड अहमद *Zara* को रिपोर्ट सौपते है।

अहमद: पहले रेक्टिफिकेशन का काम शुरू करते है, प्रॉब्लम 8th फ्लोर से ही शुरू है उसके बाद फिट आउट का काम करेंगे साथ ही साथ आप 7th फ्लोर के नीचे की फिट आउट का काम ख़त्म कर सकती है।

Zara: इन सभी रेक्टिफिकेशन के काम में कितना टाइम लगेगा?

अहमद: दो हफ्ते, हम आपकी मदद करेंगे रेक्टिफिकेशन में।

Zara: शुक्रिया (और इसी के साथ वो अपने बाकि के बचे प्रोजेक्ट के काम को पूरा करने में लग जाती है)

तीन हफ्ते बीत चुके है और वो दिन भी आ ही गया है जब आज ऋषि का प्रोजेक्ट कम्पलीट हो चूका है और *Zara* के हाथ में उस प्रोजेक्ट की चाभी है जिसे उसे खान को सौपनी है।

खान की टीम ने भी की काफी मदद की थी काम को वक़्त पर ख़त्म करने में। खान अपने भाई यासिर के साथ साइट पर आते है और पूरी साइट इंस्पेक्ट करने के बाद *Zara* से साइट की चाभी एक्सेप्ट कर लेते है।

Zara: अपने कहा था फाइनल एक्सेप्टेन्स के बाद आप पेमेंट रिलीज़ कर सकते है।

खान: हां मुझे याद है, आप दोपहर में ऑफिस आकर अपना एक्सेप्टेन्स लेटर और प्रोग्रेसिव चेक ले सकती है।

Zara: शुक्रिया।

और फिर खान और यासिर वहा से चले जाते है।

दोपहल के 2 बजे *Zara,* खान के ऑफिस पहुँचती है।

Zara: शुक्रिया, आपने सच में हमारी बहुत मदद की।

खान: मैं सिर्फ एक बिज़नेसमैन हु, बिना फायदे के मैं कुछ नहीं करता, मुझे पता है की आपको पैसो की सख्त जरुरत है और मैं अभी आपके पैसे रिलीज़ कर सकता हु लेकिन ये आपके ऊपर निर्भर करता है।

Zara: मतलब? खान: मैंने एक टेंडर भरा है सरकारी प्रोजेक्ट के लिए जो की सौ (100) करोड़ का है,

वो प्रोजेक्ट मुझे मिल सकता है अगर मेरा स्कोर थोड़ा और बेहतर हो जाये तो।

Zara: आप अपने काम में माहिर हो।

खान: सरकार सिर्फ यही नहीं देखती, स्कोर बेहतर करने के लिए मुझे सरकार को ये दिखाना होगा की मेरी कंपनी ने चैरिटेबल काम भी किये है।

मुझे पता है की आप एक बड़े एन जी ओ की प्रेजिडेंट भी है अगर आप मुझे सर्टिफिकेट देदे किसी भी चैरिटेबल वर्क की तो मेरा स्कोर बेहतर हो जायेगा और आपका भी काम हो जायेगा। और मैं आपको बता दू की ये कोई बड़ी बात नहीं है, सभी करते है, आपके पहले जो प्रेजिडेंट थे वो मेरे अच्छे दोस्त भी थे, उन्होंने मेरी कितनी बार मदद की है।

Zara: अगर आज मैं आपको वो सर्टिफिकेट दे दू तो क्या उन ऑर्गनिज़शन के साथ अन्याय नहीं होगा जिन्होंने सच में एन जी ओ की मदद की, अनाथ बच्चो के प्लेट तक खाना पहुंचाया,

मैंने आपके काम को देखा है और मुझे भरोसा है की अगर इस प्रोजेक्ट को आपके पास आना होगा तो वो अपना रास्ता आप तक खुद ही बना लेगा।

और मुझे इस बात से फर्क नहीं पड़ता की मुझसे पहले मेरी पोजीशन पर रहने वाले लोग काम कैसे करते थे, मुझे बस इतना पता है की मुझे क्या करना है।

खान: ये प्रोजेक्ट मुझे मिला तो मैं आपकी कंपनी को भी काम दूंगा वो भी पुरे 10 करोड़ की।

Zara: मैं आपकी मदद नहीं कर सकती।

खान: ठीक है तो ये हमारी आखिरी मीटिंग थी, आज के बाद हम आपके साथ कोई काम नहीं करेंगे और इसी के साथ खान अपने एक्सटेंशन से किसी को फ़ोन करते है, थोड़ी ही देर में एक अकाउंटेंट वहॉ आते है।

खान: ऋषि कंस्ट्रक्शन का अकाउंट क्लोज कर दो और उन्हें ब्लैकलिस्ट कर दो, आज के बाद हम इनके साथ कोई डील नहीं करेंगे

और इतना कहकर खान वहा से बाहर निकलने के लिए जैसे ही दरवाजे की तरफ बढ़ते है *Zara* उन्हें एक आवाज देती है "वेट मिस्टर नवाज खान" (खान वही रुक जाते है)।

Zara: माँ-बाप की जिम्मेदारी होती है बच्चे की प्लेट में खाना रखना

जिन बच्चो के नाम पर आप सर्टिफिकेट लेना चाहते है या आज तक लिए है ये वो बदनसीब बच्चे है - जिनकी किस्मत उनके प्लेट में खाना डालती है।

आप इमेजिन भी नहीं कर सकते उनकी तकलीफ, आपको अपनी किस्मत को सौ करोड़ के लिए लड़ते देख तकलीफ हो रही है सोचिये उनकी तो हर रोज लड़ती है - दो वक़्त के रोटी के लिए !

मेरी आप से रेक्वेस्ट है एक बार उनकी किस्मत को सपोर्ट करके देखिये, एक बार सच में उनकी मदद करके देखिये क्या पता वो भी एक दिन आपकी किस्मत को सपोर्ट कर दे ?

खान *Zara* की बात पर कोई प्रतिक्रिया नहीं देते और वहा से चले जाते है और *Zara*, वहा से एकाउंट्स डिपार्टमेंट की तरफ निकल पड़ती है।

CHAPTER 14 – LEGACY

चार महीनो की मेहनत के बाद आखिरकार आज बच्चो का आश्रय बनकर तैयार हो चूका था।

खान का प्रोजेक्ट ख़त्म होने के बाद *Zara* की टीम ने दिन रात मेहनत कर इस काम को समय पर ख़त्म किया था।

आज शुभ मुहूर्त पर नवनीत जी इस आश्रय का उद्घाटन करेंगे, दिल्ली से सभी बच्चे इस नए आश्रम में आ चुके है और साथ ही यहाँ मेहमानो की भीड़ इक्कठी हो चुकी है।

एक - एक कर बच्चे स्टेज पर परफॉर्म कर रहे है, करीब एक घंटे बाद प्रोग्राम ख़त्म होता है और चीफ गेस्ट स्पीच देने स्टेज पर आते है जिन्हे देख *Zara* थोड़ी हैरान हो जाती है।

ये गेस्ट कोई और नहीं बल्कि खान कंस्ट्रक्शन के मालिक नवाज खान थें। खान की नजर *Zara* पर पड़ती है और वो अपनी स्पीच शुरू करते है।

खान: मेरे अब्बू एक छोटे से कॉंट्रेक्टर थे जो लोगो के घर बनाने के कॉन्ट्रैक्ट लिया करते थे।

मैं शायद तब चार साल का था जब पहली बार अब्बू का हाथ पकड़कर उनके एक साइट पर गया और अपने सामने एक दिवार चढ़ती हुई देखी।

मैंने उस दिन अपने ख्यालो में उस दिवार के ऊपर न जाने कितनी दीवारे और चढ़ाई और एक बिल्डिंग बनायीं।

वो ख्याल मेरा जूनून बन चूका था, उस जूनून के साथ बड़ा हुआ, पढ़ाई की और काम शुरू किया।

दिन-रात मेहनत की और अब्बू की छोटी सी कांट्रेक्टिंग कंपनी को एक बड़े कंस्ट्रक्शन कंपनी में तब्दील किया।

करीब दो सालो पहले एक दिन अब्बू ने मुझसे कहा - ये तुम्हारा एम्बिशन और मेहनत है जो तुम और कंपनी आज इस मुकाम पर हो।

और मैं इसी बात को सच मान रहा था की एक दिन किसी ने मुझे इस बात का एहसास दिलाया की मेरी मेहनत और महत्वकांछा के अलावा एक और चीज़ भी थी मेरे पास जिसके वजह से मैं अपने सपनो को जी पाया था और वो थी - मेरी किस्मत।

आज सोचता हु की अगर मेरे अब्बू कांट्रेक्टर न हो कर अगर एक मजदुर होते तो क्या मैं उस सपने को पूरा कर पाता?

जवाब मिला - शायद नहीं।

और जब आज इन मासूम बच्चो के बारे में सोचता हु तो वापस वही जवाब मिलता है।

मुझे पता है, मेरे सपनो की क्या भूमिका थी मेरी जिंदगी में और इसलिए मैं उन सपनो की अहमियत को समझता हु।

मुझे पता था की मेरे सपनो की पहली सीढ़ी इंजीनियरिंग है - दसवीं की परीक्षा में मेरे मार्क्स कुछ खास नहीं थे, टीचर ने कहा की मैं मैथ्स लेने के लिए उपयुक्त नहीं।

मैं अपने सपने और टारगेट को छोड़ नहीं पा रहा था, हलाकि घर वालो ने कहा - आर्ट्स ले कर के बिज़नेस संभाल लेना लेकिन मेरा गोल बिज़नेस नहीं था, इसलिए मैंने सप्लीमेंट्री एग्जाम के लिए अप्लाई किया, दो महीनो तक पढ़ाई की और अंत में बेहतर मार्क्स के साथ पास हुआ।

उस दिन मुझे एक बात समझ आयी की हमारे सपने हमें प्रेरणा देते है -

हार्डवर्क करने की, डिस्प्लीन्ड लाइफ जीने की, लड़ने की, उन्हें प्रोटेक्ट करने की और सबसे अहम उनके लिए कोम्प्रोमाईज़ न करने की और ये बाते ही जिंदगी की सबसे बड़ी सीख है।

सपनो में इतनी ताकत होती है की वो आपकी जिंदगी को सही दिशा दे सके उसे बेहतर बना सके जैसे सही प्रोटेक्शन और खाद से एक नन्हा पौधा विशाल वृक्ष बन सकता है वैसे ही सही मार्गदर्शन और ज्ञान से ये सभी बच्चे शायद कल उन मुकामो को हासिल कर सके जिनकी केवल कल्पना मात्र आज हम कर सकते है,

इसलिए मेरी आज की मुहीम यही है की हम सभी अपना सहयोग दे और बच्चो की बेहतर शिक्षा के लिए एक इंग्लिश मध्यम स्कूल की नींव रख सके और इसी के तहत मैं अपना योगदान इस चैरिटी बॉक्स में देता हु और इसी के साथ खान एक चेक बॉक्स में डोनेट करते है।

इसी के साथ तीलियों की गूंज हर जगह गुजने लगाती है।

स्पीच ख़त्म होने के बाद सभी लोग अपना अपना सहयोग उस बॉक्स में डालते है और खान, *Zara* के पास आते है।

Zara: शुक्रिया, इस इनिशिएटिव के लिए।

खान: शुक्रिया, मुझे शायद आपको बोलना चाहिए, आपने मेरी मदद करने से इंकार किया था। जिस प्रोजेक्ट के बारे में मैंने आपको बताया था उनका मुझे रिग्रेट ईमेल आया और वो प्रोजेक्ट मेरे कम्पटीटर को मिल गया।

Zara: Sorry to hear that.

खान: जब आप उस दिन मेरे ऑफिस से गयी तो आपकी कही हुई बात पर मैं सोच ही रहा था की मुझे एक कहानी याद आयी जो मुझे अब्बू ने मेरे बचपन में सुनाई थी।

वो कहानी कुछ ऐसी थी की बहुत समय पहले बग़दाद में एक व्यापारी रहता था, एक दिन उसके सीने में दर्द हुआ तो वो एक अच्छे हाकिम के पास इलाज के लिए पंहुचा, जब हकीम ने जांच की तो पाया की उस व्यापारी के दिल में एक सुराख़ है - उन दिनों ये बीमारी लाइलाज हुआ करती थी।

दुखी मन से वो व्यापारी अपने घर वापस लौट आया, अब उसके पास बहुत कम वक़्त बचा था इसलिए उसने सोचा की जाने से पहले अपनी सबसे बड़ी ख्वाहिश पूरी कर ले, फिर उसने अपना सब कुछ बेचकर अशर्फियों से भरा के थैला बनाया और उसे लेकर पूरी दुनिया देखने के अपने सफर पर निकल पड़ा।

रास्ते में उसे एक बुचर की दुकान दिखी, उस दुकान के पास फटे कपड़ो में एक औरत बैठी हुई थी, जिसकी हालत दयनीय थी।

व्यापारी ने जाकर बुचर से पूछा - ये औरत कौन है?

बुचर ने जवाब दिया - ये एक गरीब विधवा है जिसके चार बच्चे है, ये हर रोज यहाँ आती है और देर शाम तक बैठी रहती है - मेरे दुकान बंद करने के इंतजार में।

जब मैं दुकान बंद करता हु तो इसे बचा हुआ थोड़ा-बहुत मांस दे देता हु, जिसे ये अपने घर ले जाकर पकाती है और इस तरह अपने बच्चो का पेट भरती है। आज भी ये मेरे दुकान बंद होने का ही इंतजार कर रही है।

व्यापारी को उस औरत पर दया आयी और उसने अपनी थैली से एक अशर्फी निकलकर उस बुचर को दिया और कहा - आज से तुम हर रोज इस औरत को एक किलो मांस देना।

मेरे सफर से लौटने के बाद जो भी बकाया आएगा वो मैं तुम्हे अदा करूँगा और इतना कहकर वो व्यापारी अपने सफर पर निकल पड़ा।

करीब एक साल बाद, जब वो व्यापारी बगदाद वापस लौटा और अपने हकीम से मिलने गया तो उसका हाकिम उसे देखकर आश्चर्य में पड़ गया की उसके पास तो जीने के लिए केवल चंद महीने थे, तो वो अब तक जीवित कैसे है?

हकीम ने उसकी जांच कि तो पाया की उसके दिल की सुराख़ भर चुकी थी। उसने व्यापारी से पूछा की तुमने ऐसा क्या किया की तुम्हारे दिल की सुराख़ भर गयी?

तब उस व्यापारी ने थोड़ा सोचा और जवाब दिया - सदका किया।

Zara: मतलब ?

खान: उसने मासूम बच्चो का पेट भरा और उनकी दुआओ ने उसके दिल की सुराख़।

खान: *The best way to help yourself is - to help others.*

Zara: Buddha once said -

If you knew what I know about the power of giving you would not let a single meal pass without sharing it in some way.

खान: *True.*

खान: ये सच है की अपने जूनून को पूरा करने के लिए मैं बिज़नेस लाइन में आया था लेकिन कब जूनून गुम हो गया और कब मैं एक बिजनेसमैन बन गया - पता ही नहीं चला।

पहले जब भी मुझे कोई चैरिटेबल इवेंट्स के सिलसिले में ईमेल या फ़ोन कॉल आते थे तो मैं उन्हें इग्नोर कर देता था लेकिन उस दिन मैंने मना नहीं किया और उस इवेंट में गया -

उन बच्चो को दस रुपये की एक पॉप्सीकल के लिए इतना खुश देख कर लगा की – *Happiness is a choice.*

Zara: True.

खान: मेरे कंपटीटर को प्रोजेक्ट मिला तो उनके शेयर के रेट मार्किट में बढ़ गए और एक महीने बाद उन्होंने खुद को प्रोजेक्ट से विथड्रॉ कर लिया।

Zara: क्यों?

खान: प्रजेक्ट को पाने के लिए उन्होंने काम के अगेंस्ट कम बोली लगायी थी, उतनी कम कीमत पर वे उस काम को कर नहीं पाते और मार्किट में उनके शेयर के रेट बढ़े तो उन्हें फंडिंग मिल गयी।

फिर उन्होंने अपने पेंडिंग प्रोजेक्ट्स को रिस्टार्ट किया और फिर उसके बाद उन्होंने गवर्मेंट वाले प्रोजेक्ट को करने से हाथ खींच लिए।

और फिर एक महीने पहले मुझे दुबारा से ईमेल आया उसी प्रोजेक्ट के कोटशन री – वेलिडेशन के लिए और एक हफ्ते पहले वो प्रोजेक्ट मुझे मिल गया।

आपकी कही हुई बात मुझे याद थी की अगर ये प्रोजेक्ट मेरे नसीब में है तो मुझ तक अपना रास्ता खुद बना ही लेगा।

मुझे इस बात पर यकीन नहीं था लेकिन आज इस बात की ख़ुशी है की ये प्रोजेक्ट मुझे मिला।

Zara: Congratulations.

खान: मैं एक सब-कांट्रेक्टर की तलाश में हु, अपने नए प्रोजेक्ट के लिए, क्या आप मेरे साथ काम करेंगी?

Zara: इस काम को करने के लिए जो तजुर्बा आप को चाहिए वो शायद अभी मेरी टीम में नहीं, डैड होते तो बात कुछ और होती, आपका प्रोजेक्ट एक प्रेस्टीजियस प्रोजेक्ट है, बेहतर होगा की आप किसी एक्सपर्ट को लेकर आये, हमारी टीम मेहनत कर रही है उम्मीद है एक दिन हम वहा भी जरूर पहुंच जायेंगे।

खान: ये सच है की जो स्किल और तजुर्बा इस काम के लिए चाहिए वो आपमें और आपकी टीम में नहीं है और मैंने उस आधार पर आपको चयनित किया भी नहीं। स्किल्ड और एक्सपर्ट्स तो आसानी से मिल जायेंगे लेकिन मुझे एक ईमानदार सब-कांट्रेक्टर चाहिए।

जो खुद का सही मूलकयांकन करे, जो बीच रास्ते में छोड़कर भागने वाला न हो, जो मुझे और अपने लोगो को दुसरो के सामने डिफेंड करे और जो कितने भी लुभावने प्रस्ताव क्यों न आये लेकिन अपने ईमान को कभी न छोड़े, मुझे इन सब खूबियों वाला सब-कांट्रेक्टर चाहिए।

Zara: शुक्रिया, आपके लिए काम करना मेरे लिए गर्व की बात होगी

खान: आपका फिर से स्वागत है खान कंस्ट्रक्शंस में! एक और बात मुझे आपको बतानी थी।

Zara: कहिये।

खान: मेरे अब्बू ने मुझे आपके डैड से मिलाया था वो आपके डैड की बहुत रिस्पेक्ट करते थे, एक दिन मैंने अब्बू से पूछा था की वो क्यों ऋषि साहब की इज्जत करते है - मेरी नजर में तो वो एक फेल्ड बिजनेसमैन है।

तब अब्बू ने एक बात मुझसे कही थी - पूरी जिंदगी की समरी को आप चंद चीज़ो से एस्टीमेट नहीं कर सकते। सफलता की परिभाषा हर एक के लिए अलग-अलग होती है।

ये सच है की हम जो कुछ भी मांगते है ऊपरवाला हमें वो देने की कोशिश करता है - बेस्ट पॉसिबल वे में ,

लेकिन क्या हम कभी उपरवाले की इक्षा को समझने की कोशिश करते है - क्या उनसे पूछते है की उन्हें जो कुछ चाहिए उसे पूरा करने में हम कैसे कंट्रीब्यूट कर सकते है - हमारे बेस्ट पॉसिबल वे में ?

मैं और आप तो टेम्पररी है लेकिन ये यूनिवर्स परमानेंट है।

हम चले जायेंगे बस हमारी लेगसी हमारे पीछे रह जाएगी और वो लेगसी सिर्फ हमारी प्रॉपर्टी नहीं होगी - वो होंगे हमारे कर्मा और जो उन्हें कंटिन्यू करे - हमारा *Well grown child*, जिसमे आपके संस्कार हो जो आपका बेस्ट वर्शन हो -

That is the ultimate legacy we can leave behind.

दुनिया की नजर में भले आपके पिता फेल्ड बिजनेसमैन रहे हो लेकिन मेरे नजर में तो आप जैसी औलाद होना ही किसी माँ-बाप के लिए एक अचीवमेंट से कम नहीं है।

Zara: Thankyou Mr. Khan.

Zara: मेरे प्रोफेसर ने एक बात कही थी -

हमारा मकसद होता है अपनी जिंदगी बेहतर बनाना लेकिन ईश्वर का मकसद होता है हमें बेहतर बनाना।

खान: क्यूंकि बेहतर इंसान ही एक बेहतर कल बना सकता है, एक बेहतर दुनिया बना सकता है।

Zara: True!

Zara: मेरी आपसे एक और रिक्वेस्ट है।

खान: कहिये।

Zara: पिछले दिनों मैं कुछ लोगो से मिली, वे सेक्सवर्कर्स है, उनके आवास बनाने की योजना में एन जी ओ लगी हुई है लेकिन मेरी चिंता उन्हें रोजगार दिलाने की है, क्या आपको कोई आपत्ति होगी अगर मैं उन्हें आपके इस प्रोजेक्ट में काम करने के लिए नियुक्त करू तो?

खान: अगर आपको उनके ऊपर भरोसा है तो आप उन्हें काम पर रख सकती है, मुझे इससे कोई दिक्कत नहीं है।

Zara: शुक्रिया,

खान: आप कल सुबह ऑफिस आ सकती है, मैं आपको डिटेल्स दे दूंगा।

Zara: ज़रूर

खान: चलता हु।

कुछ महीनो बाद ....

ऋषि को गए पुरे एक साल हो चुके है।

इस बीते एक साल में *Zara* की ज़िंदली बदल चुकी थी।

ऋषि की बनायीं कंपनी आज एक नए मुकाम पर है।

अंजलि जैसे लोगो के पास अपनी छत और नौकरी है।

घर में सभी खुश थे और *Zara* को यर्कीं है की ऋषि जहा भी होगा - खुश होगा।

आज *Zara*, इस्तांबुल के उसी पेट शॉप के सामने खड़ी है जहा वो ऋषि के साथ बचपन में आयी थी। उस पेट शॉप पर पिजरे में ढेर सारे जानवर मौजूद है, उन पिजरो में से एक पिजरा कार्नर में रखा हुआ है जिसमे सुनहरे रंग का एक छोटा सा कुत्ते का बच्चा पप्पी (Golden Retriver) कैद है, जो अपने दोनों हाथो के बीच अपने सर को रख कर आते जाते लोगो को देख रहा है और *Zara* उसे देख रही है, तभी दुकान का मालिक वहा आकर *Zara* से पूछता है।

Shopkeeper: Do you like the Dog.

Zara: Yes, may I hold him?

Shopkeeper, पिंजरा खोल कर पप्पी को निकालता है और उसकी ओर बढ़ाता है। (वो उसे अपने गोद में थाम लेती है)

Shopkeeper: Do you have a name for him?

Zara, पप्पी के कान में कुछ बोलती है तो पप्पी "वफ्फ" करता है।

Shopkeeper: He likes his name.

Zara: Yeah.

Shopkeeper: What are you going to call him?

Zara: Dream.

Shopkeeper: Lovely Name.

इसी के साथ *Zara*, *Dream* की तरफ देखकर मुस्कराती है और दुकानदार को पैसे चूका कर अपने *Dream* के साथ एक नए सफर पर निकल पड़ती है।